हज़ार शे'र फ़िराक़ के

हज़ार शे'र फ़िराक़ के

फ़िराक़ गोरखपुरी

चयन व सम्पादन

रमेश चन्द्र द्विवेदी

वाणी प्रकाशन

सजिल्द पहला संस्करण : 2008
सजिल्द दूसरा संस्करण : 2023

वाणी प्रकाशन
4695, 21-ए, दरियागंज, नयी दिल्ली 110 002
फ़ोन : +91 11 23273167 फ़ैक्स : +91 11 23275710
शाखाएँ
अशोक राजपथ, पटना-800 004, बिहार
कॉफ़ी हाउस कैम्पस, महात्मा गांधी मार्ग, इलाहाबाद-211 001, उत्तर प्रदेश
महात्मा गांधी अन्तरराष्ट्रीय हिन्दी विश्वविद्यालय, वर्धा-442 001, महाराष्ट्र
36/ए, शेक्सपियर सरणी, रानी बिरला गर्ल्स कॉलेज के पास, कोलकाता-700 017, प. बंगाल
www.vaniprakashan.com
marketing@vaniprakashan.in
sales@vaniprakashan.in

Hazar Sher Firaq ke
by Firaq Gorakhpuri
Selected & Edited by Ramesh Chandra Dwivedi

ISBN : 978-81-8143-784-6
Ghazals

मूल्य : ₹ 300

आर. टेक ऑफ़सेट प्रिंटर्स, दिल्ली-110 032 में मुद्रित

वाणी प्रकाशन का लोगो मक़बूल फ़िदा हुसेन की कूची से

समर्पण

कविता-जीवी ख़ासकर
फ़िराक़ की शायरी और उनके साहित्य
के रसिया
भाई अनिल गोयल जी
को

अशआर से पहले

फ़िराक़ की शायरी ने कुछ लोगों को .ख़ुदकुशी से बचाया है और उनके जीवन में संजीवनी का काम किया है। एकाध ऐसे वाक़यात का तो मैं .ख़ुद भी चश्मदीद गवाह हूँ, जिसका वर्णन मैंने अपनी पुस्तक 'मैंने फ़िराक़ को देखा था' में किया है। ये सच है कि हक़ीक़ी शायरी बुझे हुए दिलों में रौशनी का संचार करती है और टूटे हुए दिलों के छोटे-छोटे टुकड़ों को जोड़कर इस क़दर मुकम्मल कर देती है जिसमें न कोई धब्बा न कोई स्कार। ये कहना बेहतर होगा कि शायरी ज़ख़्मी या शिकस्त दिल को बदलकर एक नया दिल दे देती है। इसीलिए महान कवि को 'फ़िज़ीशियन ऑफ द सोल' कहा जाता है। फ़िराक़ के शेरों में जीवन की सच्चाइयों और मनोवैज्ञानिक पेचीदगियों को इस बारीक़ी और कलात्मक ढंग से पेश किया गया है कि पाठक उनमें डूबता ही चला जाता है, और जिस हद तक डूबता चला जाता है उस हद तक अपने को पाता या छूता भी चला जाता है। मुझे तो कभी-कभी ऐसा महसूस होता है कि फ़िराक़ अदृश्य-लोक से मानव की भावनाओं को पकड़कर शेरों में ढालते चले जाते हैं। लगभग हर शेर जीवन, सृष्टि और मानव-जाति के व्यक्तिगत और समष्टि के अनुभवों की अबूझ पहेलियों को सुलझाता भी जा रहा है और उलझाता भी जा रहा है। शायरी में अदृश्य को दृश्य एक खूबसूरत जामा पहनाकर पेश करना फ़िराक़ की विशेषता है, इसीलिए मैंने अपना सम्पूर्ण जीवन फ़िराक़ के मनोविज्ञान (जिसे मैं फ़िराक़ॉल्जी कहता हूँ) को समझने में खपा दिया और जितना समझता गया उन्हें अपनी पुस्तकों में उजागर करता गया। फ़िराक़ को तो मैं क्या समझ पाया, हाँ इस जुस्तजू में मैंने खुद को खो दिया या अपने को पाने-सा लगा। हो सकता है यह भी एक भ्रम हो।

आज फ़िराक़ का नाम 'मीर', 'ग़ालिब', आतिश, इक़बाल और उर्दू के दीगर सुप्रसिद्ध और महान शायरों के साथ लिया जाता है। फ़िराक़ के हज़ारहा शेर लोगों की ज़ुबानों पर हैं। पाठक फ़िराक़ के अशआर में अपने दिलों की धड़कनें सुनता है। कविता, विशेषकर हक़ीक़ी और ज़िंदगी बख़्श अशआर का एक विशेष गुण ये है कि ज़िंदगी का बोझ उतर जाता है और दुनिया ग़ायब हो जाती है। चढ़ा हुआ रक्तचाप नार्मल हो जाता है और दिल की धड़कनों की गति सहज और सामान्य हो जाती है। मैं और मेरे दोस्तों ने फ़िराक़ की शायरी में ऐसा ही महसूस किया है—'जेहि जाने जग जाइ हेराई'

फ़िराक़ के मुतफ़र्रिक या फुटकर शेरों का यह संकलन पाठकों के समक्ष पेश करते हुए मुझे अपार हर्ष हो रहा है। कई साल पहले भाई अनिल गोयल ने मुझसे कहा था कि फ़िराक़ के चुने हुए फुटकर शेरों का एक अच्छा संकलन निकालना चाहिए और यह काम सिर्फ आप ही कर सकते हैं। भाई अरुण माहेश्वरी (वाणी प्रकाशन) ने भी मुझे यह सुझाव

दिया था कि मैं यह संकलन तैयार करूँ जिसे पाठक आसानी और सुख के साथ अपने साथ रक्खें, जीवन-यात्रा में सम्बल की तरह जो मंज़िल की ओर गामज़न होते रहने के लिए उनमें नयी चेतना, स्फूर्ति और ताज़गी का समावेश करता रहे। इसी को ध्यान में रखकर मैंने यह संकलन तैयार किया है।

फ़िराक़ की शायरी तो अंतहीन गम्भीर बन या समुद्र की तरह है। किस-किस वृक्ष को चुनूँ, किस-किस मोती को पेश करूँ, मेरे सामने यह एक गहन समस्या थी। ग़ज़ल में तो हर शेर पर दूसरे शेर का साया पड़ता रहता है और किसी शेर विशेष का पूरा क़द सामने उभरकर नहीं आने पाता। जैसे किसी घने जंगल में किसी वृक्ष-विशेष का वैभव, नज़र नहीं पकड़ पाती। लेकिन जब वही वृक्ष अकेले भीड़ से अलग दिखायी पड़ता है तो उसका प्रभाव हमारी चेतना पर गम्भीर रूप से पड़ता है। संकलन का प्रत्येक शेर एक पूरी ग़ज़ल या एक पूरा दीवान है। इस संकलन में हर स्तर और हर रुचि के शेर हैं जो पाठकों की अलग-अलग रुचि और मानसिक धरातल को ध्यान में रखकर चुने गये हैं।

लगे हाथों कह लेने दीजिए कि किसी शब्द का न पर्यायवाचक शब्द होता है और न दूसरी भाषा में उसके मिज़ाज की तर्जुमानी करनेवाला दूसरा लफ़्ज़ होता है। किसी भाषा का कोई शब्द उस भाषा के सम्पूर्ण कल्चर, परिवेश, भौगोलिक वातावरण और राजनीतिक प्रभावों की उपज है। तर्जुमाँ में सहजता नहीं आ सकती; जैसे माँ के दूध का तर्जुमाँ या उसका बदल नहीं हो सकता। इसी तरह एक भाषा के शब्दों का अर्थ दूसरी भाषा में हूबहू नहीं आ सकता। हाँ, समझने में कुछ मदद मिल सकती है, कुछ इशारे मिल सकते हैं। ठीक यही बात लागू होती है इस संकलन के शब्दों के अर्थों को लिखने में जो अशआर के पूरे परिवेश को ध्यान में रखकर लिखे गये हैं। शब्दकोश की सहायता से कविता नहीं समझी जा सकती।

अशआर के इंतख़ाब में मेरी उलझनों को सुलझाया तो भाई दीपक रूहानी ने (जो अपने को मेरे शागिर्दों में शामिल करते हैं, हालाँकि मैं उस्ताद-शार्गिद परम्परा का क़ायल कम ही हूँ) जो स्वयं भी अच्छे शायर हैं। रूहानी को फ़िराक़ के अनेक शेर याद हैं। वे अपनी रुचि के मुताबिक़ शेरों का इंतख़ाब करते रहे और मेरा ध्यान अच्छे शेरों की तरफ़ दिलाते रहे। यदि उन्होंने बहुत से नायाब शेरों की ओर मेरा ध्यान आकृष्ट न किया होता तो संकलन का वह रूप जो सुधी पाठकों के सामने प्रस्तुत है इस सज-धज के साथ मंज़रे-आम पर आ ही न पाता। मेरी इस बीहड़-यात्रा के वे मेरे सहयोगी और सहयात्री हैं।

सोमवार

14 नवम्बर, 2005

रमेश चन्द्र द्विवेदी

35/13, बटलर मार्केट, जे.एल. नेहरू रोड,

इलाहाबाद-2

मेरी हर ग़ज़ल की ये आरज़ू, तुझे सज-सजा के निकालिए,
मेरी फ़िक्र हो तेरा आइना, मेरे नग्में हों तेरे पैरहन[1]।

जब से देखा है तुझे मुझसे है मेरी अनबन,
हुस्न का रंगे-सियासत, मुझे मालूम न था।

चलती है जब नसीमे-ख़याले-ख़रामे-नाज़[2],
सुनता हूँ दामनों की तेरे सरसराहटें।

बस इक दामने-दिल[3] गुलिस्ताँ-गुलिस्ताँ[4],
गरीबाँ - गरीबाँ[5] बयाबाँ - बयाबाँ[6]

इसको भी इक दिल का भरम जानिए,
हुस्न कहाँ, इश्क़ कहाँ, हम कहाँ।

कोई सोचे तो फ़र्क़ कितना है,
हुस्न और इश्क़ के फ़सानों में।

रात गये कैफ़ियते-हुस्ने-यार[7]
ख़्वाब[8] से मिलती हुई बेदारियाँ[9]।

कहाँ से आ गयी दुनिया कहाँ, मगर देखो,
कहाँ-कहाँ से अभी कारवाँ गुज़रता है।

---

1. वस्त्र, 2. प्रिय के चाल के ख़याल रूपी हवा, 3. दिल रूपी दामन 4. बाग़-बाग़ 5. परदेस-परदेस, 6. जंगल-जंगल, 7. प्रिय के सौन्दर्य की स्थिति, 8. नींद, 9. जागरण

ग़ज़ल है या कोई देवी खड़ी है लट छिटकाये,
ये किसने गेसू-ए-उर्दू[1] को यूँ सँवारा है।

नयी मंज़िल के मीरे-कारवाँ[2] भी और होते हैं,
पुराने खिज्रे-रह[3] बदले, वो तर्ज़े-रहबरी[4] बदला।

क़लम की चंद जुम्बिशों[5] से और मैंने क्या किया,
यही कि खुल गये हैं कुछ रमूज़-से हयात के[6]।

ये कहाँ से बज़्मे-ख़याल[7] में उमड़ आयीं चेहरों की नद्दियाँ,
कोई महचकाँ[8], कोई .खुरफ़ेशाँ[9] कोई ज़ोहरावश[10], कोई शोलारू[11]।

तुम हो पसमाँदगाने-दौरे-'फ़िराक़'[12]
बख़्श दो सब कहा-सुना मेरा।

आम मेयार[13] से इसे परवा,
.खूब समझा 'फ़िराक़' को तूने।

हमसे क्या हो सका मुहब्बत में,
ख़ैर तुमने तो बेवफ़ाई की।

अब दौरे-आस्माँ है न दौरे-हयात है,
ऐ दर्दे-हिज्र[14] तू ही बता कितनी रात है।

छिड़ते ही .ग़ज़ल बढ़ते चले रात के साये,
आवाज़ मेरी गेसू-ए-शब[15] खोल रही है।

---

1. उर्दू की केश राशि को 2. कारवाँ का सरदार, 3. पथ प्रदर्शक, 4. पथ प्रदर्शन की पद्धति, 5. हरकत 6. जीवन के रहस्य, 7. विचारों की सभा, 8. चन्द्रमा का प्रकाश, 9. सूर्य का प्रकाश फैलानेवाला, 10. वृहस्पति ग्रह के समान (उज्ज्वल के भाव में प्रयुक्त) 11. अग्नि के रंग जैसा चेहरा, 12. फ़िराक़ के युग के बाद बचनेवाले, 13. स्तर, 14. वियोग की पीड़ा, 15. रात की ज़ुल्फ़,

किसको रोता है उम्रभर कोई,
आदमी जल्द भूल जाता है।

कुछ चौंक सी उठी हैं फ़ज़ा की उदासियाँ
इस दश्ते-बेकसी[1] में सरे-शाम तुम कहाँ।

सोयी क़िस्मत जाग उठी है।
तुम बोले या जादू बोला।

एक मैं था और अब तो मैं भी कहाँ,
आ कि अब कोई दरमियान नहीं।

हम वहाँ हैं जहाँ अब अपने सिवा,
एक भी आदमी बहुत है मियाँ।

और ऐ दोस्त क्या कहूँ तुझसे,
थी मुझे भी इक आस टूट गयी।

इश्क़ के कुछ लम्हों की क़ीमत उजले-उजले आँसू हैं,
हुस्न से जो कुछ भी पाया था कौड़ी-कौड़ी अदा किया।

मैंने इस आवाज़ को पाला है मर-मर के 'फ़िराक़',
आज जिसकी नर्म लौ है शम्म-ए-महराबे-हयात।[2]

जिनकी तामीर[3] इश्क़ करता है,
कौन रहता है उन मकानों में।

---

1. मजबूर वातावरण, 2. जीवन के मेहराब का दिया, 3. निर्माण,

और भी काम हैं दुनिया में ग़मे-उल्फ़त[1] को,
उसकी याद अच्छी नहीं ऐ दिले-नाकाम[2] बहुत।

तू जल्वागर है मगर ये सुन ले कि आँख ओझल पहाड़ ओझल,
अगर यही शोख़ियाँ हैं तेरी तो फिर किसे एतबार होगा।

तेरे ज़ुल्फ़ो-रूख़ का बदल ढूँढ़ता हूँ,
शबिस्ताँ-शबिस्ताँ[3], चराग़ाँ-चराग़ाँ[4]।

कुछ नहीं कहतीं वो निगाहें मगर,
बात पहुँचती है कहाँ से कहाँ।

वो पिछली शब[5] निगहे-नरगिसे-ख़ुमार-आलूद[6],
कि जैसे नींद में डूबी हुई हो चंद्र-किरन।

छलक के कम न हो ऐसी कोई शराब नहीं,
निगाहे-नरगिसे-राना[7] तेरा जवाब नहीं।

मौत इक गीत रात गाती थी,
ज़िंदगी झूम-झूम जाती थी।

कुछ भी न था इश्क़ की गिरह[8] में,
और फिर भी लुटा दिये ख़ज़ाने।

इसकी शैतान को कहाँ तौफ़ीक़[9],
इश्क़ करना गुनाहे-आदम[10] है।

---

1. प्रेम-दुख, 2. असफल दिल 3. शयनकक्षों में, 4. दीपमालाओं में, 5. रात, 6. नरगिस के फूल जैसी नशे में डूबी हुई आँखें, 7. नरगिस की तरह सुन्दर नयनों की दृष्टि, 8. गाँठ, जेब 9. सामर्थ्य, 10. मनुष्य का गुनाह,

मौत से सरगोशियाँ[1] हैं रात की,
दास्ताने-ज़िन्दगानी फिर सुना।

ओ शबे-दराज़[2] भी कट गयी है, वो सितारे डूबे, वो पौ फटी,
सरे-राह ग़फ़ूलते-ख़्वाब[3] से अब उठो कि वक़्ते-सहर[4] भी है।

तेरी जफ़ा[5] का वो आलम नहीं रहा लेकिन,
जो हाले-इश्क़ था आग़ाज़[6] में वो अब तक है।

दास्ताँ-दर-दास्ताँ[7] है शायरी तेरी 'फ़िराक़,'
महफ़िले'-अंजुम[8] तेरी, रातें तेरी, बातें तेरी।

ख़याले-गेसू-ए-जानाँ[9] की वुसअतें[10] मत पूछ,
कि जैसे फैलता जाता हो शाम का साया।

एक भी तो सँभल नहीं पाता,
ज़िंदगी है कि बादा-ए-सरजोश[11]।

ताअबद[12] एक दौरे-हाज़िर[13] है,
इश्क़ की उम्र में न माह न साल।

दिल-दुखे रोये हैं शायद इस जगह से कू-ए-दोस्त,[14]
ख़ाक का इतना चमक जाना ज़रा दुश्वार था।

कहाँ का वस्ल[15] तन्हाई ने शायद भेस बदला है,
तेरे दमभर के आ जाने को हम भी क्या समझते हैं।

---

1. कानाफूसी, 2. लंबी रात, 3. नींद की अचेतना, 4. सुबह का समय, 5. सख़्ती या जुल्म, 6. प्रारम्भ, 7. दास्तानों की दास्तान, 8. सितारों की सभा, 9. प्रिय के केशों का विचार, 10. विशालताएँ, 11. तीखी शराब, 12. अंत तक, 13. विद्यमान युग, 14. दोस्त की गली, 15. मिलन,

हुस्न की नर्मियों ने लौ दे दी,
मुस्कुराना तेरा है याद मुझे।

शब[1] हिज्र[2] की थी यूँ तो मगर पिछली रात को,
वो दर्द उठा 'फ़िराक़' कि मैं मुस्कुरा उठा।

हासिले-हुस्नो-इश्क़ बस इतना,
आदमी आदमी को पहचाने।

कुछ क़फ़स[3] की तीलियों से छन रहा है नूर-सा,
कुछ फ़ज़ा[4] कुछ हसरते-परवाज़[5] की बातें करो।

हाय ये बेकसी[6] मुहब्बत की,
सोचते हैं कहीं चले जाएँ।

ये क़ामत[7] कि ख़ुर्शीद[8] अँगड़ाइयाँ ले,
उमड़ती जवानी ख़ुमिस्ताँ-ख़ुमिस्ताँ[9]।

नज़ा[10] में इक शिकन जबीं[11] पर थी,
दास्ताँ तेरी बेवफ़ाई की।

उसका सरापा[12] हमसे पूछो,
चेहरा ही चेहरा पाँव से सर तक।

गुज़रे हैं इश्क़ नाम के ऐ दोस्त इक बुज़ुर्ग,
हम लोग भी फ़क़ीर उसी सिलसिले के हैं।

1. रात, 2. वियोग, 3. क़ैद, 4. वातावरण, 5. उड़ान की अभिलाषा, 6. दुःख या निस्सहायता, 7. क़द, 8. सूरज, 9. मधुशालाएँ, 10. मृत्यु से पहले की हालत, बन्धन-मुक्ति से पूर्व, 11. माथा, 12. सर से पाँव तक।

आज आयी हैं दिल में कुछ यादें,
थोड़ी देर आओ बैठकर रो लें।

आज आँखों में काट ले शबे-हिज्र,[1]
ज़िंदगानी पड़ी है सो लेना।

रात भी, नींद भी, कहानी भी,
हाय क्या चीज़ है जवानी भी।

पार हुआ पार हुआ बह्रे-ग़म,[2]
डूब चलीं डूब चलीं कश्तियाँ।

एक मुद्दत से तेरी याद भी आयी न हमें,
और हम भूल गये हों तुझे ऐसा भी नहीं।

किस देस को सिधार गयीं ऐ जमाले-यार[3],
रंगीं लबों पे खेल के कुछ मुस्कराहटें।

न देर तक तुझे मैं ख़ुद ही रोकता ऐ दोस्त,
तू जिस अदा से उठा है उसी का रोना है।

बहुत दिनों में मुहब्बत को हो सका मालूम,
यही कि तुझको ज़रूरत नहीं मुहब्बत की।

दिखा गयी तेरी क़ुर्बत[4] मुसीबते-दूरी,
बता गया तेरा मिलना रूकावटें क्या हैं।

---

1. वियोग की रात, 2. ग़म का सागर, 3. प्रिय का चेह्रा, 4. निकटता।

सोचता हूँ कहाँ से आयी है,
ये जो मस्ती-सी है घटाओं में।

खुशफ़हमियाँ तमाम ग़लतफ़हमियाँ तमाम,
इस इश्क़ में हो क्या कोई बदनाम-ओ-नेकनाम।

रुकी-रुकी सी इनायत[1] तेरी क़यामत है,
बढ़ी-बढ़ी-सी तमन्ना-ए-इश्क़[2] क्या कहना।

हिज्र[3] में दिल को किस तरह बहलाएँ,
शायरी से तो काम चल न सका।

वो तेरे हुस्न का चुटीलापन,
जैसे सौ दर्द चमक उट्ठे हों।

इक्का-दुक्का सदा-ए-ज़ंजीर,[5]
ज़िंदाँ[5] में रात हो गयी है।

गिरकर कहता है हर आँसू,
हम टूटे या तारा टूटा।

शाख़े-गुल[6] जिस तरह हवा से मुड़े,
याद है तेरे रूठने की अदा।

ऐ मेरी जाँ, ऐ मेरी जाँ, मुझको लिये चल, मुझको लिये चल,
हाँ और आगे, हाँ और आगे, हाँ और ऊपर, हाँ और ऊपर।

---

1. कृपा, 2. इश्क़ की इच्छा, 3. वियोग, 4. ज़ंजीर की आवाज़, 5. क़ैदख़ाना, 6. फूल की डाली

तुझ पे इल्ज़ाम कुछ नहीं लेकिन,
अब मेरा और तेरा निबाह नहीं।

ग़रज़ कि होश में आना पड़ा मुहब्बत को,
हमीं को देख लें दीवाने तेरे दूर न जायें।

लब पै आयी न वो बात ही हमनशीं[1]
आये क्या-क्या सुख़न[2] दर्मियाँ-दर्मियाँ।

क्या जाम है 'फ़िराक़' मुहब्बत का जाम भी,
आबे-हयात[3] भी है अजल[4] का पयाम भी।

राहे-मुहब्बत में पड़ते हैं,
लाखों मक्के, लाखों मदीने।

जहाँ ज़मानो-मकाँ[5] का नहीं गुज़ारा है,
कहाँ से आज तेरी याद ने पुकारा है।

रात की आँखें भी झपकने लगीं
कौन सुने दर्दभरी दास्ताँ।

ये न पूछ कितना जिया हूँ मैं, ये न पूछ कैसे जिया हूँ मैं,
कि अबद[6] की आँख भी लग गयी मेरे ग़म की शामे-दराज़[7] में।

अम्बरीं-ज़ुल्फ़[8] में सिमट आया,
महकी रातों के राज़ का आलम।

---

1. साथी, 2. साहित्य, 3. अमृत, 4. मृत्यु, 5. समय और स्थान, 6. शाश्वतता, वह समय जिसका अंत न ज्ञात हो, 7. लम्बी शाम, 8. सुगन्धित केश,

सीधी क़िस्मत, टेढ़ी क़िस्मत,
सबका इलाज है दर्दे-मुहब्बत।

राह में आनेवाली नस्लों के,
ख़ैर काँटे तो हम न बो जायें।

आज से पहले कब थे वतन में बेवतनी के ये लच्छन,
लोगों को ये कहते सुना है घर भी गुर्बतख़ाने[1] हैं।

ये भोली-भाली दुनिया भी सयानी है क़यामत की,
कोई करता है चालाकी तो धोका खा ही जाता है।

अबद[2] भी अपनी परछाईं अज़ल[3] भी रौशनी अपनी,
मुहब्बत को कमी क्या मौत अपनी, ज़िन्दगी अपनी।

है सीना कि संगीत पिछले पहर का,
वो चेहरा कि ऊषा पशेमाँ-पशेमाँ[4]।

हुस्न यही है इश्क़ यही है,
धोके दे ले, धोके खा ले।

सरक आयी हैं ज़ुल्फ़ें ख़म[5]-ब-ख़म रू-ए-दरख़्शाँ[6] पर,
महकती छाँव से आती है छनकर रोशनी तेरी।

वो आ भी चुका कब का वो जा भी चुका कब का,
दिल है कि 'फ़िराक़' अब तक दामन को छुड़ाये है।

---

1. परदेस का घर, 2. शाश्वतता, 3. मृत्यु, 4. शर्मिन्दा, 5. घुमावदार केश या घुँघराले बाल, 6. प्रकाशमान चेहरे पर,

हुस्न की सबाहत[1] को क्या बताइये जैसे,
चाँदनी मनाज़िर[2] पर पिछली रात ढलती है।

जुदा हर इक से हमआहंग[3] भी ज़माने से,
क़ुबूलियत[4] की जो तस्वीर है वो त्याग है तू।

तुम्हीं ने बायसे-ग़म[5] बारहा[6] किया दर्याफ़्त,[7]
कहा तो रूठ गये, ये भी कोई बात हुई।

कुछ जो उठता है दिल में रह-रहकर,
अब्र[8] है, या गुबार है क्या है।

लोगों की समझ में आ न सका कुछ तुझको भी है तआज्जुब-सा,
सुन मेरी उदासी का कारन ऐ हमदम[9] बहुत अकेला हूँ।

इस दौर में ज़िन्दगी बशर[10] की,
बीमार की रात हो गयी है।

दिल को अपने भी ग़म थे दुनिया में,
कुछ बलाएँ थीं, आस्मानी भी।

सितारे जागते हैं रात लट छिटकाये सोती है,
दबे पाँवों ये किसने आके ख़्वाबे-ज़िन्दगी बदला।

बू ज़मीं से मुझे आ रही है तेरी,
तुझको क्यों ढूँढ़िये आस्माँ-आस्माँ।

---

1. सुन्दरता या गोरापन, 2. दृश्यों पर, 3. सहमत, 4. स्वीकार्यता, 5. ग़म का कारण, 6. प्रायः, 7. खोजा, 8. बादल, 9. साथी, 10. मनुष्य।

ये तो नहीं कि ग़म नहीं,
हाँ मेरी आँख नम नहीं।

सितारों से उलझता जा रहा हूँ,
शबे-फ़ुर्क़त[1] बहुत घबरा रहा हूँ।

उफ़ ये महकी हुई सुहानी रात,
चेहरा-ए-शब[2] की आबो-ताब[3] है तू।

ये नर्म-नर्म हवा झिलमिला रहे हैं चिराग़,
तेरे ख़याल की ख़ुश्बू से बस रहे हैं दिमाग़।

मुझको मारा हर एक दर्दो-दवा से पहले,
दी सज़ा इश्क़ ने हर जुर्मो-ख़ता से पहले।

उठनेवाली है वो निगाहे-करम,[4]
इश्क़ भी कुछ लगा है शर्माने।

हर ज़र्रे[5] पर अब कैफ़ियते-नीमशबी[6] है,
ऐ साक़ी-ए-दौराँ[7] ये गुनाहों की घड़ी है।

बग़ौर सुन ये ग़रीबी का हर अमीर से क़ौल[8]
ये माना आज तुम्हारा है कल हमारा है।

ये जमालो-इश्क़[9] का राब्ता[10] तेरे ग़म की रात बता गयी,
जो कजी[11] है बख़्ते-सियाह[12] में वही ख़म[13] है ज़ुल्फ़े-दराज़[14] में।

---

1. विरह की रात, 2. रात का चेहरा, 3. चमक-दमक, 4. कृपा-दृष्टि, 5. कण, 6. आधी रात का नशा, 7. कालचक्र रूपी साक़ी। 8. कथन, 9. सौन्दर्य तथा प्रेम, 10. सम्बन्ध, 11. टेढ़ापन, 12. दुर्भाग्य, 13. घुमाव, 14. लम्बे केश,

न पूछ कैसे किये हज़्म इश्क़ के सुख-दुख,
कोई उतार ले इनको तो हड्डियाँ उड़ जायें।

ढूँढ़ता है मशाम[1] शायर का,
ख़न्द-ए-गुल[2] में दर्द की बू-बास[3]

हुस्न से कब तक पर्दा करते,
इश्क़ से कब तक पर्दा होता।

सुकूते-शाम[4] मिटाओ बहुत अँधेरा है,
सुख़न[5] की शम्'आ जलाओ बहुत अँधेरा है।

हर उक़दा-ए-तक़दीरे-जहाँ[6] खोल रही है,
हाँ ध्यान से सुनना ये सदी बोल रही है।

नर्म, फ़ज़ा की करवटें दिल को दुखा के रह गयीं,
ठंडी हवाएँ भी तेरी याद दिला के रह गयीं।

क़फ़स[7] से छूट के वतन का सुराग़ भी न मिला,
वो रंगे-लाला-ओ-गुल[8] था कि बाग़ भी न मिला।

इक उम्र कट गयी है तेरे इन्तिज़ार में,
ऐसे भी हैं कि कट न सकी जिनसे एक रात।

एक दुनिया दर्द की तस्वीर निकली, इश्क़ को,
कोहकन[9] और क़ैस[10] का क़िस्सा समझ बैठे थे हम।

1. सूँघने की शक्ति, 2. फूल की हँसी, 3. गन्ध, 4. शाम की चुप्पी, 5. शायरी या साहित्य, 6. संसार के भाग्य की गाँठ या समस्या, 7. कारागार या पिंजरा, 8. फूल, 9. फरहाद, 10. मजनूँ।

वो आलम[1] और ही है जिसमें मीठी नींद आ जाये,
ख़ुशी और ग़म में सोने के लिए रातें नहीं होतीं।

दामने-अब्र[2] में क्या बर्क़[3] का छुपना देखें,
हमने देखी हैं अदाएँ तेरे शर्माने की।

किसी का यूँ तो हुआ कौन उम्रभर फिर भी,
ये हुस्नो-इश्क़ तो धोका है सब, मगर फिर भी।

वही इक नज़र डूबती जा रही है,
वही एक नश्तर रगे-जाँ, रगे-जाँ[4]।

अब क़यामत और कहते हैं किसे,
उफ़, ये क़ामत, ये जवानी, ये उभार।

ख़ून था कलियों का दिल, बादे-सबा[5] बेचैन थी,
जल्वा-ए-गुलज़ार[6] डूबे थे तेरे नश्तर[7] कहाँ।

वो रात 'फ़िराक़' है याद मुझे अब तक वो सुबह नहीं भूली,
जो कटते-कटते कटती थी, जो होते-होते होती थी।

पकड़ लिया सरे-महशर[8] किसी ने हाथ मेरा,
बस आज मिल गयी अपनी वफ़ा की दाद मुझे।

मैंने सौंपा था तुझे इक काम सारी उम्र में,
वो बिगड़ता ही गया ऐ दिल कहाँ बनता गया।

---

1. स्थिति, 2. बादल के दामन में, 3. बिजली, 4. जीवन की नाड़ी, 5. सुबह की हवा, 6. चहल-पहलयुक्त बाग़, 7. तेज़ और छोटा-चाकू, 8. प्रलय-क्षेत्र,।

'फ़िराक़' दौड़ गयी रूह-सी ज़माने में,
कहाँ का दर्द भरा था मेरे फ़साने में।

तर्के-मुहब्बत[1] करने वालो, कौन ऐसा जग जीत लिया,
इश्क़ से पहले के दिन सोचो, कौन बड़ा सुख होता था।

क्यों मिल्लतें[2] न कुफ़्र[3] की सरसब्ज़[4] हों फिर आज,
ज़ौक़े-गुनाह[5] पीरे-तरीक़त[6] है इन दिनों।

शामे-ग़म[7] कुछ उस निगाहे-नाज़[8] की बातें करो,
बेखुदी[9] बढ़ती चली है राज़[10] की बातें करो।

ओढ़नी उसकी हवाएँ हैं कि तारों भरी रात,
किसी घूँघट ही को सरकाओ कि कुछ रात कटे।

बहुत पहले से उन क़दमों की आहट जान लेते हैं।
तुझे ऐ ज़िन्दगी हम दूर से पहचान लेते हैं।

फ़ितरत[11] मेरी इश्क़ो-मुहब्बत, क़िस्मत मेरी तन्हाई,
कहने की नौबत ह न आई हम भी कसू के हो ले हैं।

देख रफ़्तारे-इन्क़लाब[12] 'फ़िराक़'
कितनी आहिस्ता और कितनी तेज़।

ज़िन्दगी क्या, मौत क्या, दो करवटें हैं इश्क़ की,
सोनेवाले चौंक उट्ठेंगे क़यामत भी तो हो।

---

1. प्रणय-त्याग या प्रेम से सम्बन्ध-विच्छेद, 2. सम्प्रदाय, 3. नास्तिकता, 4. हरी-भरी, 5. पाप की अभिरुचि, 6. धर्मगुरु, 7. विरह की शाम, 8. प्रिय की दृष्टि, 9. आत्मविस्मृति, 10. रहस्य, 11. स्वभाव, 12. क्रांति-गति।

मुझे भी याद हैं वो शामे-हिज्र[1] की हिकायतें,[2]
वो दर्द-सा रुका-रुका, वो अश्क-सा[3] थमा-थमा।

पूछ मत कैफ़ियतें[4] उनकी न पूछ उनका शुमार[5]
चलती-फिरती हैं मेरे सीने में जो परछाइयाँ।

है ये तेरा ख़याल या कोई और,
रास्ता रोककर खड़ा है कौन।

रमता जोगी बहता पानी,
इश्क़ भी मंज़िल छोड़ रहा है।

तू किस मुग़ालते[6] में पड़ गया सुन ऐ नक़्क़ाद,[7]
मेरे उयूब[8] तेरी ख़ूबियों पे भारी हैं।

रास्ते बन्द हैं फ़रार[9] मुहाल,[10]
क्या करें अह्ले-ग़म[11] कहाँ जाएँ।

जो उलझी थी कभी आदम[12] के हाथों,
वो गुत्थी आज तक सुलझा रहा हूँ।

किसी की बज़्मे-तरब[13] में हयात[14] बँटती थी,
उमीदवारों में कल मौत भी नज़र आयी।

ख़ुदकुशी ऐसी कोई बात न थी,
तेरे ग़म का ख़याल आता है।

---

1. विरह-संध्या, 2. कहानियाँ, 3. आँसू जैसा, 4. विशालताएँ, 5. गणना या संख्या, 6. धोके में, 7. आलोचक, 8. बुराइयाँ, ऐब का बहुवचन, 9. मुक्ति, भागना, 10. मुश्किल, 11. दुखवाले या दुखी, 12. आदि मनुष्य या प्रथम व्यक्ति (बाबा आदम से आशय), 13. आनन्द-सभा, 14. ज़िन्दगी,

जो छिप के तारों की आँखों से पाँव धरता है,
उसी के नक़्शे-कफ़े-पा[1] से जल उठे हैं चराग़।

ओ ख़ज़ाने भरे दो-आलम[2] के,
एक आँसू जो मोल ले न सके।

अभी तो सोये चराग़ों ने आँख खोली है,
अभी तो जागते हैं घर अभी यहाँ से न जाओ।

ऐ मौत आके हमको ख़ामोश कर गयी तू,
सदियों दिलों के अन्दर हम गूँजते रहेंगे।

जो ज़हरे-हलाहल[3] है अमृत भी वही लेकिन,
मालूम नहीं तुमको अन्दाज़ हैं पीने के।

हवा-ए-जवानी के झोंके न पूछो,
'फ़िराक़' इस हवा में न जागे न सोये।

ज़िन्दगी ही उजड़ गयी ऐ दिल,
हम कहाँ किस नगर में जाके बसें।

यही हालात का तक़ाज़ा[4] है,
आज उठ जाएँगे तेरे दर से।

क्या करें और तेरे ज़िन्दाँनी,[5]
बस यही ना कि घुट के मर जाएँ।

---

1. पैर के तलवों के निशान, 2. दोनों लोक, 3. विष, 4. माँग, अपेक्षा, 5. क़ैदी।

वा-ए-क़िस्मत[1] मेरी ख़ताओं पर,
अब वो नाराज़ भी नहीं होते।

किसी को क्या न मिला जिन्दगी में वा-ए-नसीब,
हमारे हाथ बस इक दिल रहा, रहा भी नहीं।

संग-ओ-आहन[2] बेनयाज़े-ग़म[3] नहीं,
देख हर दीवारो-दर से सर न मार।

हर एक आँख के आँसू हैं अपनी पलकों में,
हर एक सीने में जो दर्द है हमारा है।

दिखाते हैं सितारे एक बेहतर ज़िन्दगी का ख़्वाब,
न देख उनकी तरफ़ वो छीन लेंगे सब ख़ुशी तेरी।

आतिशे-इश्क़[4] भड़काती है हवा से पहले,
होंट जलते हैं मुहब्बत में दुआ से पहले।

मोमिनो[5]! लाख जन्नतें क़ुरबाँ,
एक बच्चे की मुस्कराहट पर।

तुझे मातमसराय-आलम[6] में,
शर्म आती नहीं है ख़ुश होते।

काश हम इसको साफ़ सुन सकते,
इक सदा[7] आ रही है कानों में।

---

1. हाय रे भाग्य, 2. पत्थर और लोहा, 3. दुख की अपेक्षा या दुख से निस्पृहता, 4. प्रेम की आग या प्रेमाग्नि, 5. मुसलमानों, 6. दुखपूर्ण जगत, 7. आवाज़।

अभी तो कुछ ख़लिश-सी[1] हो रही है चन्द काँटों से,
इन्हीं तल्वों में इक दिन जज़्ब[2] कर लूँगा बयाबाँ[3] को

आज आग़ोश में था और कोई,
देर तक हम तुझे न भूल सके।

वही है तर्के-तआल्लुक[4] के बाद ग़ैरीयत,[5]
तो क्या मैं छोड़ ही बैठूँ तेरी मुहब्बत को।

गुज़रेगा आज गोरे-गरीबाँ[6] से होके कौन,
सौ मर्तबा[7] चराग़े-लहद[8] झिलमिला चुके।

सोचा था लेंगे इश्क़ में चालाकियों से काम,
यारों से कैसी-कैसी हुईं बेवक़ूफ़ियाँ।

इश्क़ दुनिया से बेख़बर है मगर,
पेट की बात जान लेता है।

मुझसे राज़े-सुकूँ[9] न पूछ ऐ दोस्त,
दिल है पहलू में जान का जंजाल।

तारीकियाँ[10] चमक गयीं आवाज़े-दर्द से,
मेरी ग़ज़ल से रात की ज़ुल्फ़ें सँवर गयीं।

इश्क़ के दफ़्तरे-वज़ारत[11] में,
सबसे भारी महकमए-ग़म[12] हैं।

---

1. तकलीफ या पीड़ा, 2. समाहित, 3. जंगल, 4. सम्बन्ध-विच्छेद, 5. अनात्मीयता, 6. कब्र, 7. सौ बार, 8. कब्र के चराग़, 9. धैर्य का रहस्य या शांति का रहस्य, 10. अँधेरा, 11. मंत्रालय, 12. दुख का विभाग,

तमाम झिलमिलाहटें तमाम मुस्कुराहटें,
न पूछ जिस्मे-नाज़नीं[1] की नर्म जगमगाहटें।

या इश्क़ नहीं करते या लोग हैं बेपरवा,
क्यों इश्क़ में अब कोई बदनाम नहीं होता।

तुम्हें पाकर भी क्यों रहती शिकायत कसमपुरसी[2] की,
मेरे तुम हो गये मुझको भी काश अपना बना लेते।

रात आयी 'फ़िराक़' दोस्त नहीं,
किससे कहिए कि आओ सो जायें।

जिस्म उसका न पूछिए क्या है,
ऐसी नर्मी तो रूह में भी नहीं।

मौत जब रूठकर लगी जाने,
ज़िन्दगी क्यों लगी है शरमाने।

जब कहीं और चैन पा न सकीं,
बिजलियाँ सो गयीं उन आँखों में।

हुस्न इक ख़्वाबे-नाज़[3] है जिसके,
चौंक पड़ने को इश्क़ कहते हैं।

हुस्नपरस्ती[4] पाक मुहब्बत बन जाती है जब कोई,
वस्ल[5] की जिस्मानी[6] लज़्ज़त से रूहानी[7] कैफ़ियत[8] ले।

---

1. प्रिय का जिस्म या जो नाज रखता हो (मान-अभिमान) उसका बदन, 2. ऐसा जीवन जिसमें कोई पूछनेवाला न हो, 3. प्रिय का स्वप्न, 4. सौन्दर्य-पूजा, 5. मिलन, 6. दैहिक, 7. आत्मिक, 8. आनन्द।

मुझे ख़बर नहीं यारो मगर सुना ये है,
कि देर-देर तक अब मैं उदास रहता हूँ।

मासूम है मुहब्बत लेकिन उसी के हाथों,
ये भी हुआ कि मैंने तेरा बुरा भी चाहा।

मुद्दत से तेरा दर्द उठा भी नहीं लेकिन,
रह-रह के कुछ ऐ दोस्त मैं घबरा-सा उठा हूँ।

नेकियाँ तुझमें हैं बहुत लेकिन,
नेकियाँ ही बदी न बन जाएँ।

बदन की सज कोई देखे तो आँख खुल जाए,
निगाहें उससे जो मिल जाएँ रूह जाग उठे।

जो आइने ने दिखाया वही है हुस्न तेरा?
कि वो जो अब मेरे नग़मगात[1] में झलकता है।

हम फ़क़ीरों से मुँह छुपाना क्या,
कभी उड़ती नज़र से देख लिया।

आप कहिए सज-सजाकर तीसरे दर्जे की बात,
आप तो अह्ले-ज़बाँ[2] हैं मैं कहाँ अहले-ज़बाँ।

कल किसी को कोई करेगा न याद,
आज रो लें किसी की याद में हम।

1. गीत, 2. ज़ुबानवाले, या भाषा-मर्मज्ञ,

अब मुझ पे ज़माना मेह्‌रबाँ है,
ऐ जाने-'फ़िराक़' तू कहाँ है।

वो तेरे इन्तज़ार का आलम,
आ गया चाँद अब मुँडेरों पर।

ऐ दिल फिर तो ख़ुशी ही ख़ुशी है,
ग़म से अगर समझौता कर लें।

नीम-बख़्शिश[1] अज़ाब[2] है यारब,[3]
दिल दिया है तो दिल में दर्द भी दे।

मुझमें कोई कमी नहीं लेकिन,
ऐ मेरी ज़िन्दगी कहाँ है तू।

उफ़ ये सुबुक-रंग-ओ-सुबुक-रौ सुख़न,[4]
फूलों से जिस तरह उड़ें तितलियाँ।

जो भूलकर भी इधर से कभी गुज़रता है,
मैं सोचता हूँ कि वो कल को आज करता है।

काविशे-सुबह[5] बहुत अब न ग़मे-शाम बहुत,
हो गया इश्क़ भी बेगाना-ए-अय्याम[6] बहुत।

सुना है बादे-ख़िज़ाँ[7] के हाथों चमन का दूना निखार होगा,
असर से उस शोलए-तपाँ[8] के कुछ और हुस्ने-बहार होगा।

---

1. अर्द्धदान या आधी ख़ैरात देना, 2. यातना या दुख, 3. ऐ ईश्वर, 4. मृदुल रंग और मृदुल गीत शायरी, 5. सुबह (होने) की चिन्ता, 6. कालचक्र से विमुख, 7. पतझड़ की हवा, 8. आग की लपट।

ज़मीन जाग रही है कि इन्क़लाब है कल,
वो रात है कोई ज़र्रा भी मह्वे-ख़्वाब[1] नहीं।

ज़िन्दगी को वफ़ा की राहों में,
मौत खुद रौशनी दिखाती थी।

जैसे कोई आ रहा हो इस सम्त,[2]
मुमकिन है वही हो, कौन जाने।

मेरे सीने से लग के सो जाओ,
पलकें भारी है रात भी कम है।

जिसे लोग कहते हैं तीरगी,[3] वही शब[4] हिजाबे-सहर[5] भी है,
जिन्हें बेखुदी-ए-फ़ना[6] मिली, उन्हें ज़िन्दगी की ख़बर भी है।

'फ़िराक़' ऐसे में क्यों आँख डबडबा आयी,
हवा में नर्म लचक है फ़ज़ा[7] में ठंडक है।

ग़मज़दों[8] का क्यों पता देने लगीं बातें तेरी,
दिन तेरे भरपूर, रंगारंग हैं रातें तेरी।

न ज़िक्रे-मौजे-फ़ना[9] कर कि गम के बेड़ों को,
गुदाज़े-सीना-ए-साहिल[10] डुबो चुका कब का।

न पूछ तेरी मुहब्बत में हाथ क्या आया,
न चाहिए मुझे अब कुछ भी और भर पाया।

---

1. निद्रा-मग्न, 2. ओर, 3. अँधेरा, 4. रात, 5. सुबह का वातावरण, 6. मृत्यु रूपी आत्मविस्मृति
7. वातावरण, 8. दुखी व्यक्ति, 9. मृत्यु-तरंग की चर्चा, 10. तट की छाती का पिघलाव,

रात में रंग है वही लेकिन,
वो ख़मे-गेसू-ए-सियाह[1] नहीं।

मुआमला तो सुलझता नज़र नहीं आता,
बनायें इश्क़ से बातें कि हुस्न को समझायें।

वो शौक़, वो तपाक, वो बेताबियाँ कहाँ,
यूँ ही है अब तो उससे पयामो-सलाम[2] भी।

क़ौमों को गुमराह किया है,
शायर की बेराहरवी[3] ने।

उसको जब देखो है ये आलम,
इक अँगड़ाई आयी हुई सी।

यहाँ तो ज़हरे-हलाहल[4] है आबे-हैवाँ[5] भी,
कहाँ पे लाके मुझे ज़िन्दगी ने मारा है।

ढूँढ़ते-ढूँढ़ते ढूँढ़ लेंगे तुझे,
गो निशाँ है तेरा बेनिशाँ-बेनिशाँ।

इश्क़ में सच ही का रोना है,
झूठे नहीं, तुम, झूठे नहीं हम।

हमने देखा है देर तक खो के,
ग़म की उम्रे-दराज़[6] का आलम।

---

1. काले केशों के बल, 2. हालचाल और दुआ-सलाम, 3. पथभ्रष्टता, 4. घातक विष, 5. अमृत, 6. लम्बी उम्र,

एक देस के नाम हैं दोनों,
दोज़ख़[1] कहिए उसे या जन्नत।

इस सुकूते-फ़ज़ा[2] में खो जायें,
आस्मानों के राज़ हो जायें।

पढ़ी समझ के जो तहरीरे-सफ़हए-हस्ती,[3]
ये खुल गया कि हर इक लफ़्ज़ इस्तिआरा[4] है।

शायर से हमदर्दी सीखो दुनिया के ग़मख़ाने में,
जितने ग़म हैं दुनिया भर में उसके जाने-माने हैं।

दुविधा पैदा कर दे दिलों में ईमानों को दे टकराने,
बात वो कह ए इश्क़ कि सुनकर सब क़ायल[5] हों, कोई न माने।

निखरता ही चला जाता है हुस्ने-आइना-परवर[6],
अज़ल[7] से दिल के साँचे में कोई ढलता ही जाता है।

नसीमे-सुब्ह[8] का दामन कहीं आलूदा[9] होता है।
बचा लेता है हुस्ने-नर्म-ख़ू[10] दोशीज़गी[11] अपनी।

सँभले हुओं के क़दम नहीं जमते,
गिरते हुओं को कौन सँभाले।

ज़र्रों को सुलाये है तारों को जगाये है,
कुछ धीमे सुरों में वो जब रात को गाये है।

---

1. नर्क, 2. शांत वातावरण, 3. जीवनरूपी पृष्ठ का लेख, 4. रूपक, 5. निरुत्तर, 6. आईना पालने या साफ़ सुथरा रखनेवाले का सौन्दर्य, 7. अनादि काल से, 8. सुबह की हवा, प्रभात-समीर, 9. दूषित, 10. कोमल स्वभाव सौन्दर्य, 11. कुँवारापन।

जी में आता है तुझको पुकारा करूँ,
रहगुज़र-रहगुज़र[1], आस्ताँ-आस्ताँ[2]।

ज़मीने-रहगुज़र[3] के ज़र्रे[4] गहरी साँस लेते हैं,
सुकूँ-आसार[5] कितनी है अदा-ए-कमरवी[6] तेरी।

तारो के क़ुलूब[7] जैसे धड़कें,
रात उसकी अदा-अदा को देखा।

उतारेंगे दिलों में लोग सीनों में जगह देंगे,
जहाँ भी जायेंगे हम जायेंगे तेरी नज़र होकर।

ऐ 'फ़िराक़' क्या होगा और ज़ीस्त[8] का आलम,[9]
ज़िन्दगी की हालत पर मौत हाथ मलती है।

'फ़िराक़' अपने दुखों को भुला के कहना था,
सदाबहार है दुनिया सदा-सुहाग है तू।

बहुत दिनों में मुहब्बत को ये हुआ मालूम,
जो तेरे हिज्र[10] में गुज़री वो रात रात हुई।

ज़ुल्मतो-नूर[11] की दो मौजें[12] हैं,
बलखाया क़द, गेसू-ए-पुरख़म[13]।

जिन्हें मंज़िलों की न फ़िक्र थी, जिन्हें चलते रहने से काम था,
मिले ऐसे भी कई क़ाफ़िले तेरे ग़म की राहे-दराज़[14] में।

---

1. मार्ग, 2. घर, 3. मार्ग की भूमि, 4. कण, 5. शान्ति की प्रतीक, 6. मंदगति की अदा, 7. क़ल्ब (ह्रदय) का बहुवचन, 8. जीवन, 9. स्थिति, दशा, 10. विरह, वियोग, 11. अँधेरे-उजाले, 12. लहरें, 13. बलदार केश, घुँघराले बाल, 14. लम्बा मार्ग,

रंजो-राहत[1], वस्लो-फ़ुर्क़त[2], होशो-वहशत[3] क्या नहीं,
कौन कहता है कि रहने की जगह दुनिया नहीं।

फूल है या चिराग़ है कोई,
ये रू-ए-निगार[4] है क्या है।

अपना हो 'फ़िराक़' कि औरों का कुछ बात ही ऐसी आन पड़ी,
मैं आज ग़ज़ल के पर्दे में दुख-दर्द सुनाने बैठा हूँ।

आँखों में जो बात हो गयी है,
इक शर्हे-हयात[5] हो गयी है।

ख़ल्क़[6] क्या-क्या मुझे नहीं कहती,
कुछ सुनूँ मैं तेरी ज़बानी भी।

तरग़ीबे-गुनाह[7] लम्हा-लम्हा,
अब रात जवान हो गयी है।

बदलते जा रहे हैं हम भी दुनिया को बदलने में,
नहीं बदली अभी दुनिया, तो दुनिया को अभी बदला।

दिल को पाया नहीं मंज़िलों-मंज़िलों,
हम पुकार आये हैं कारवाँ-कारवाँ।

तुम भी तो तुम नहीं हो आज,
हम भी तो आज हम नहीं।

---

1. सुख-दुख, 2. विरह-मिलन, 3. अच्छा-बुरा, 4. सुन्दरी का चेहरा, 5. जीवन की व्याख्या, 6. दुनिया,
7. पाप के लिए उकसाना

आज बहुत उदास हूँ,
यों कोई ख़ास ग़म नहीं।

यक़ीं ये है हक़ीक़त खुल रही है,
गुमाँ ये है कि धोके खा रहा हूँ।

तुझसे जोबन उजाली रातों पर,
माहताबों का माहताब[1] है तू।

दिलों को तेरे तबस्सुम[2] की याद यूँ आयी,
कि जगमगा उठें जिस तरह मन्दिरों में चराग़।

ग़मे-फ़िराक़[3] तो उस दिन ग़म-ए-फ़िराक़ हुआ,
जब उनको प्यार किया मैंने जिनसे प्यार नहीं।

इक उतरता हुआ ख़्वाबे-सीमीं,[4]
चाँद से चाँदनी का सफ़र है।

हयात[5] एक सिलसिला है लाग[6] और लगाव का,
मोहब्बतें कई-कई अदावतें[7] कई-कई।

कुछ गराँ[8] हो चला है बारे-निशात,[9]
आज दुखते हैं हुस्न के शाने[10]।

उस ज़ुल्फ़े-सियह[11] ने मेरी हर शाम चुरा ली,
ज़ेरे-गुले-आरिज़[12] मेरी हर सुबह छुपी है।

---

1. चन्द्रमा, 2. मुस्कान, 3. फ़िराक़ का दुख, 4. चाँदी जैसा ख़्वाब, 5. जीवन, 6. द्वेष या विलगाव 7. दुश्मनी, 8. भारी, 9. प्रसन्नता का बोझ, 10. कंधे, 11. काले केश, 12. गुलाब रूपी कपोलों के तले,

ज़िन्दगी में खुशी न दूर न पास,
वस्ल[1] की रात और इतनी उदास।

रात की रात कभी मेरा घर,
तेरा रैन-बसेरा होता।

ये रात वो है कि सूझे जहाँ न हाथ को हाथ,
ख़यालो दूर न जाओ, बहुत अँधेरा है।

रह-रह के खनक जाती है साक़ी ये शबे-माह,[2]
इक जाम पिला खुनकी-ए-शब[3] बोल रही है।

शाम भी थी धुआँ-धुआँ हुस्न भी था उदास-उदास,
दिल को कई कहानियाँ याद-सी आके रह गयीं।

दरिया के मद्दो-जज़र[4] भी पानी के खेल हैं,
हस्ती[5] ही के करिश्में हैं क्या मौत क्या हयात[6]।

कुछ इशारे थे जिन्हें दुनिया समझ बैठे थे हम,
उस निगाहे-आश्ना[7] को क्या समझ बैठे थे हम।

अब वो तबागाई ए मिज़ाज[8] नहीं,
छोड़ दे मुझको लेकिन आज नहीं।

हम-आहंगी[9] भी तेरी दूरी-ए-क़ुर्बतनुमा[10] निकली,
कि तुझसे मिल के भी तुझसे मुलाक़ातें नहीं होतीं।

---

1. मिलन, 2. चाँदनी रात, 3. रात की ठंडक, 4. ज्वार-भाटा, 5. अस्तित्व, 6. जीवन, 7. परिचित दृष्टि, 8. स्वभाव की दृढ़ता, 9. मिलाप, सहमति, 10. सामीप्य ऐसी दूरी।

न समझने की ये बातें हैं न समझाने की,
ज़िन्दगी उचटी हुई नींद है दीवाने की।

हज़ार बार ज़माना इधर से गुज़रा है,
नयी-नयी सी है कुछ तेरी रहगुज़र[1] फिर भी।

मैंने देखी हैं, वो आँखें मस्तो-अफ़सूँगर[2] कहाँ,
साक़िया छूटा था मेरे हाथ से साग़र कहाँ।

तुम हो जहाँ के शायद मैं भी वहीं रहा हूँ,
कुछ तुम भी भूलते हो कुछ मैं भी भूलता हूँ।

सोते से किसी का उठना भी इक आलम होता था हमदम,
बिखरे होते थे बाल, आँख भी नींद की माती होती थी।

हमको है मालूम सब रूदादे-इल्मो-फ़लसफ़ा,[3]
हाँ हर ईमानो-यक़ीं[4] बहमो-गुमाँ[5] बनता गया।

ज़मीने-शे'र का है मोजिज़ा नुजूले-'फ़िराक़'[6]
किस आस्माँ का ये टूटा हुआ सितारा है।

आलम-आलम इश्क़ भी तनूहा,
तनूहा हुस्न भी आलम-आलम।

रात आधी से ज़ियादा गयी थी सारा आलम सोता था,
नाम तेरा ले-ले कर कोई दर्द का मारा रोता था।

---

1. रास्ता, 2. मस्त और जादू जगानेवाली आँखें, 3. ज्ञान और दर्शन की कहानी या वृत्तान्त, 4. विश्वास, 5. भ्रम, 6. कवि 'फ़िराक़' पर आकाश से बही उतरना,

बैठे-बिठाए चुप नहीं लगती थी यूँ मुझे,
क्यों-क्यों 'फ़िराक़' क्या तेरी हालत है इन दिनों।

क्या कहें आये थे किस उम्मीद से किस दिल से हम,
इक जनाज़ा बन के उठते हैं तेरी महफ़िल से हम।

ये सुकूते-यास,[1] ये दिल की रगों का टूटना,
ख़ामुशी में कुछ शिकस्ते-साज़[2] की बातें करो।

साग़रे-सुब्ह-चकाँ[3] लाओ कि कुछ रात कटे,
नूरे-सैय्याल[4] को छलकाओ कि कुछ रात कटे।

मेरी नज़रें भी ऐसे काफ़िरों[5] की जानो-ईमाँ[6] हैं,
निगाहें मिलते ही जो जान और ईमान लेते हैं।

दिन में हमको देखनेवालो अपने-अपने हैं औक़ात,[7]
जाओ न तुम इन ख़ुश्क[8] आँखों पर हम रातों को रो ले हैं।

उफ़ सियहकारियाँ[9] निगाहों की,
आह अन्दाज़े-गेसू-ए-शबरेज़[10]।

रस्मो-राहे-दह्र[11] क्या जोशे-मुहब्बत[12] भी तो हो,
टूट जाती है हर इक ज़ंजीर वहशत[13] भी तो हो।

गुलों की जल्वागाहे-नाज़ में न ढूँढ़ अब मुझे,
मैं नक़्श था मिटा दिया, चिराग़ था बुझा दिया।

---

1. नैराश्य या नाउमीदी की चुप्पी, 2. साज़ का टूटना, 3. सुबह टपकानेवाला मदिरा-पात्र, 4. पिघलता हुआ प्रकाश (मदिरा से आशय), 5. नास्तिकों, 6. ईमान की आत्मा, 7. वक़्त का बहुवचन, 8. शुष्क, 9. दुराचार, 10. रात बिखेरनेवाले केशों की अदा, 11. संसार के रीति-रिवाज 12. प्रेमावेग, 13. बिदक, पागलपन।

ग़रज़ कि काट दिये ज़िन्दगी के दिन ऐ दोस्त,
वो तेरी याद में हो या तुझे भुलाने में।

कुछ ऐसी गुज़री है तेरे हिज्र[1] में रातें,
दिल दर्द से ख़ाली हो मगर नींद न आये।

ये ज़िन्दगी के कड़े कोस, याद आता है,
तेरी निगाहे-करम[2] का घना-घना साया।

इक फ़ुसूँ-सामाँ[3] निगाहे-आश्ना[4] की देर थी,
इस भरी दुनिया में हम तनहा नज़र आने लगे।

मंज़िलें गर्द के मानिन्द उड़ी जाती हैं,
वही अंदाज़े-जहाने-गुज़राँ[5] है कि जो था।

हुई ख़त्म सोहबते-मैकशी[6] यही दाग़ सीनों में ले चले
कि तुलूअ[7] होने से रह गये कई आफ़ताबे-ख़ुमो-सुबू[8]

दिलों में दाग़े-मुहब्बत का अब ये आलम है,
कि जैसे नींद में डूबे हों पिछली रात चिराग़।

फ़रेबे-रंग-ओ-बू[9] खाकर चमन से हाथ धो बैठे,
तेरे वहशी[10] तो कब के ले उड़े होते गुलिस्ताँ[11] को।

ये नहीं होती थी हालत जानिबे-दर[12] देखकर,
आस्ताने-यार[13] से हम आज उठ जायेंगे क्या।

---

1. विरह, 2. कृपा-दृष्टि, 3. जादूभरी, 4. चिरपरिचित दृष्टि, 5. संसार की स्थिति, 6. शराब पीने की सभा, 7. उदित, 8. शराब की सुराही और प्याले के सूरज, 9. रंग और गंध का भ्रम, 10. पागल, विक्षिप्त, 11. बाग, 12. दरवाज़े की तरफ़, 13. यार की चौखट

दर्दे-दिल क्या है खुला आज तेरे लड़ने पर,
तुझसे इतनी थी मुहब्बत मुझे मालूम न था।

कोई आया न आयेगा लेकिन,
क्या करें गर न इन्तज़ार करें।

ज़िन्दगी क्या है आज इसे ऐ दोस्त,
सोच लें और उदास हो जायें।

मुझको ख़राब कर गयीं नीम-निगाहियाँ[1] तेरी,
मुझसे हयात-ओ-मौत[2] भी आँखें चुरा के रह गयीं।

साथ मेरा हर इक ने छोड़ दिया,
वो तेरी याद थी जो आके रही।

इश्क़ से मैं मिला भी हूँ, अक्सर,
इश्क़ से मैंने बात भी की है।

और कुछ इश्क़ में नहीं मक़दूर[3]
क्या करे हम भी रो के रह जायें।

तमाम शबनम-ओ-गुल[4] है तो सर से ताबक़दग[5]
रुके-रुके से कुछ आँसू, रुकी-रुकी सी कुछ हँसी।

कुछ दर्द दे गया हूँ ज़माने को ऐ 'फ़िराक़',
यह सोचकर कि बाद को ये याद आयेंगे।

1. अधूरी निगाह, 2. जीवन और मृत्यु, 3. बसमें, सामर्थ्य में, 4. ओस और फूल, 5. सर से पाँव तक,

तेरा दीदार[1] फ़िक्रे-शे'र[2] के वक़्त,
आज बिगड़ी बनी-बनायी बात।

तुझे मंज़िलें भी हैं रहगुज़र, मुझे रहगुज़ार भी मंज़िलें,
यही फ़र्क़ है मेरे हमसफ़र, वो तेरा चलन ये मेरा चलन।

ये नकहतों[3] की नर्मरवी,[4] ये हवा, ये रात,
याद आ रहे हैं इश्क़ को टूटे तआल्लुक़ात।

बहुत अब तो नाज़ुक है हाले-'फ़िराक़',
ख़ुदारा[5] तुम्हीं कुछ तरद्दुद[6] करो।

जब-जब इसे सोचा है दिल थाम लिया मैंने,
इन्सान के हाथों से इन्सान पे जो गुज़री।

कितनी बेआसरा है हस्ती-ए-इश्क़[7]
तेरे ग़म का भी एतबार नहीं।

शामें किसी को ढूँढ़ती हैं आज भी 'फ़िराक़',
यूँ तो जहान में मुझे कोई कमी नहीं।

ये सन्नाटा है मेरे पाँव की चाप,
'फ़िराक़' अपनी कुछ आहट पा रहा हूँ।

तू याद आये लेकिन तेरे जौरो-सितम[8] हरगिज़ न याद आयें,
मुहब्बत में ये मासूमी बड़ी मुश्किल से आती है।

---

1. दर्शन, दिख जाना, 2. शेर का विचार, शेर सोचना, 3. सुगन्ध, 4. मृदुल गति, 5. अय खुदा, 6. उपाय, चिन्ता, 7. इश्क़ का अस्तित्व, 8. अत्याचार, सख़्ती या उत्पीड़न।

'फ़िराक़' गर्मे-सुखन[2] है मज़ाक़ बंद करो,
वो देखो हो गये संजीदा सब दरो-दीवार।

बस एक तुम्हारी ख़्वाहिश थी वो भी मुझसे पूरी न हुई,
तुम कहते थे मुझको भूल जाओ, मैं भूलना तुमको भूल गया।

आनेवाली नस्लें तुम पर रश्क[3] करेंगी हमअसरो[5]।
जब उनको ये ध्यान आयेगा तुमने 'फ़िराक़' को देखा था।

नर्मियाँ उस निगह की क्या कहिए,
इक किरन माहताब[4] की सी है।

जब दिल की वफ़ात[5] हो गयी है,
हर चीज़ की रात हो गयी है।

मैं आस्माने-मुहब्बत[6] से रुख़सते-शब[7] हूँ,
तेरा ख़याल कोई डूबता सितारा है।

बर्गे-शजर[8] पर जैसे शबनम[9] सुब्ह को हो जाये मादूम,[10]
इक क़तरा आँसू था मिज़ह[11] पर, इक तारा था टूट गया।

तुझे तो हाथ लगाया है बारहा[12] लेकिन,
तेरे ख़याल को छूते हुए मैं डरता हूँ।

वो तेरी याद है या ज़िन्दगी का सानिहा[13] कोई,
चराग़ इक झिलमिलाता है जो माज़ी[14] के शबिस्ताँ में[15]।

2. साहित्य में तप्त, 3. ईर्ष्या, 4. हमारे समय के साथियों, समवर्ती, 5.चन्द्रमा, 6. मृत्यु, प्रेमाकाश, 7. रात की विदाई, 8. पेड़ की पत्ती, 9. ओस, 10. ग़ायब, 11. पलक, 12. प्रायः, 13. दुर्घटना, 14. भूतकाल, 15. शयनागार,

हर इक के हाथ फ़क़त[1] ग़फ़लतें[2] थीं होशनुमा,
हर इक को अपने से बेगानावार[3] जीना था।

थी नज़र किसकी जिसने याद आकर,
मुझ मुसाफ़िर का रास्ता काटा।

शाम के झुटपुटे में यूँ तेरा ख़याल दिल में आये,
जैसे जबीने-चर्ख़[4] पर कोई सितारा जगमगाये।

ये इम्तिज़ाजे-गुनाहो-सवाब[5] और कहाँ,
तेरी निगाह पे क्या-क्या गुमाँ गुज़रता है।

अभी फ़ितरत[6] से होना है नुमायाँ[7] शाने-इन्सानी,[8]
अभी हर चीज़ में महसूस होती है कमी अपनी।

आज तो दर्दे-हिज्र[9] भी कम है,
आज तो कोई आया होता।

कभी पिछली रात को यक-ब-यक जो हवा-ए-सर्द[10] इधर आ गयी,
मुझे ख़ुद भी हो न सकी ख़बर तेरी याद आँसू बहा गयी।

जल्वा-ए-लैला हो ऐ दिल या जुनूने-क़ैस[11] हो,
हुस्न भी परछाइयाँ है इश्क़ भी परछाइयाँ।

जिसे डस लिया हो ज़माने ने कोई ज़िन्दगी है वो ज़िन्दगी,
ये सवादे-शाम[12] अजलनुमा[13] ये ज़िया-ए-सुब्ह[14] कफ़न-कफ़न।

---

1. केवल, मात्र, 2. अचेतना, 3. पराये या अपरिचित की तरह, 4.आकाश का मस्तक, 5. पाप और पुण्य का मिश्रण, 6. स्वभाव, 7. प्रकट होना, 8. मनुष्य की श्रेष्ठता या वैभव, 9. विरह का दर्द, 10. ठंडी हवा, 11. मजनूँ का उन्माद, 12. शाम का अँधेरा, 13. मौत की भाँति, 14. सुबह की रोशनी।

मेहरबानी को मुहब्बत नहीं कहते ऐ दोस्त,
आह अब मुझसे तेरी रन्जिशे-बेजा[1] भी नहीं।

रो-रो के उसकी याद में बस दो ही रोज़ में,
अपना 'फ़िराक़' तूने बुरा हाल कर लिया।

कोई कब तक जिये बग़ैर उम्मीद,
यही सोचा है अब कि मर जायें।

उसकी रुख़सत[2] के वक़्त उफ़ री ज़बाँ,
उससे इतना ही कह सके, अच्छा।

हम भी मुसाफ़िर तुम भी मुसाफ़िर,
साथ चलें तो अच्छा हो।

चार-सू[3] ये मनाज़िरे-क़ुदरत,[4]
उमड़े आते हैं चेहरों के सैलाब।

तोड़ा इक फूल तो फ़लक[5] पर,
तारा कोई काँप-काँप उठा।

सो रही हैं हक़ीक़तें हर सू[6],
बोल आहिस्ता और आहिस्ता।

कर चुका हूँ मैं तर्के-मुहब्बत,[7]
बस तेरी मेहरबानी का डर है।

---

1. अनुचित वैमनस्य, बिना वजह का मनमुटाव, 2. विदाई, 3. चारों ओर, 4. प्रकृति के दृश्य, 5. आसमान, 6. ओर, दिशा, 7. प्रेम-विच्छेद।

ऐ 'फ़िराक़' इक ज़रा नज़र तो मिला,
कितनी वीरान हैं तेरी आँखें।

शबे-फ़ुर्क़त[1] के सन्नाटों में अकसर,
कोई कहता है मैं तुझसे कहाँ दूर।

देर से हैं 'फ़िराक़' नमदीदा,[2]
एक झोंका हवा का आया था।

दिन-रात ऐ हँसते रहनेवाले,
कुछ देर उदास भी रहा कर।

जो होंटों तक तेरे महदूद[3] रहती है सहर[4] होते,
उफ़ुक़[5] पर दूर तक वो मुस्कुराहट फैल जाती है।

मोती के दो थाल सजाये आज हमारी आँखों ने,
तुम जाने किस देस सिधारे भेजें ये सौग़ात कहाँ।

हर लिया है किसी ने सीता को,
ज़िन्दगी है कि राम का बनवास।

लोग कहते हैं आ रहा है कोई,
कुछ भरम-सा मुझे भी होता है।

यूँ समझ बैठे थे गोया भूल बैठे हैं तुझे,
रात तेरी याद से दिल में वो दर्द उट्ठा कि बस।

---

1. विरह की रात, 2. आँसूभरे नैन, 3. सीमित, 4. सुबह, 5. क्षितिज,

फ़ज़ा[1] तबस्सुमे-सुब्हे-बहार[2] थी लेकिन,
पहुँच के मंज़िले-जानाँ[3] पे आँख भर आयी।

शिकवए-दरगुज़रनुमा[4] क्यों है कि हुस्न इश्क़ से,
इतना तो बदगुमाँ[5] न था, इतना तो सरगराँ न था।

ख़्वाहिशों को तेरी मुहब्बत में,
ख़्वाहिशों से बुलन्द होना है।

मग़ायरत[6] तो मिटी डर ये है मगर ऐ दोस्त,
न जीने देगा तेरा ये रुका-रुका सा तपाक[7]।

वफ़ा जफ़ा में तेरे इम्तियाज़[8] सहल न था,
समझ-समझ के मुहब्बत भी आज रोयी है।

तुझको सौ बार कर चुका अपना,
अजनबीयत को क्या करूँ तेरी।

ये अपनी-अपनी ख़ूबी-ए-क़िस्मत है दोस्तो,
जलने का ग़म किसे है मगर दिल ग़लत जला।

ज़िन्दगी हो कि आशिक़ी हर चीज़,
अपनी ज़िद में पनाह लेती है।

मैं चौंक उठा कि चौंक उठीं मेरी ग़फ़लतें,[9]
आये तुम आज भूली हुई याद की तरह।

---

1. वातावरण, 2. बहार के सुबह की मुस्कान, 3. प्रिय की मंजिल, प्रेम का अभीष्ट, 4. क्षमा की शिकायत, 5. सशंकित 6. परायापन, 7. गर्मजोशी, प्यार, 8. फ़र्क़ करना, 9. अचेतनता

कई बिजलियाँ बेगिराये गिरी हैं,
उन आँखों को अब आ गया मुस्कुराना।

इश्क़ की दाद मिल रही है मुझे,
काश तुम अपनी क़द्र जान सको।

अजब क्या कुछ दिनों के बाद ये दुनिया भी दुनिया हो,
ये क्या कम है मुहब्बत को मुहब्बत कर दिया मैंने।

हुस्न हमदर्द, आशिक़ी बेदर्द,
इसका उलटा मगर नज़र आया।

जी भर आया जब उसने पूछा,
क्या मुझसे 'फ़िराक़' तुम खफ़ा हो।

बसद-नाकामियाँ[1] ये कारफ़रमाई[2] मुहब्बत की,
ख़ुदा होने का अपने आप पर अक्सर गुमाँ[3] गुज़रा।

जो महकी छाँव में नग़्मों की पंखड़ी से बने,
वो कुन्जे-नूर[4] तेरे हुस्न का नशेमन[5] है।

दुनिया को इस सुख़न[6] से सौ मंज़िलें मिली हैं,
क्या रास्ते कटे हैं बातों के साये-साये।

मोहब्बत में मेरी तनहाइयों के हैं कई उनवाँ,[7]
तेरा आना तेरा मिलना तेरा उठना तेरा जाना।

---

1. सैकड़ो असफलताएँ, 2. कार्य करना या असर डालना, 3. भ्रम, 4. प्रकाश की बाँह या गोद, 5. आराम करने का स्थान, विश्राम-ग्रह, 6. साहित्य, 7. शीर्षक।

बिछड़ के तुझसे गले का न हार बन जाये,
विसाल[1] ऐसों का जिनसे अलग ही रहना ठीक।

मौत आ जाये तो हो इस इलितवा[2] का ख़ात्मा,
ज़िन्दगी तो इन्तज़ारे-ज़िन्दगी में कट गयी।

ऐ दोस्त मुहब्बत की कुछ पूछ न मजबूरी,
इक हिज्र[3] तेरी क़ुरबत[4] इक हिज्र तेरी दूरी।

दे ग़ैब[5] की चाशनी मज़ाहिर[6] को 'फ़िराक़'
हस्ती[7] को अदम[8] बना के हस्ती कर दे।

इस दौर में सिरे से हुई ज़िन्दगी तबाह,
ले दे के रह गयी है मुहब्बत, सो वो गुनाह।

नेक शगून नहीं है मेरा,
रोते-रोते चुप हो जाना।

असर से जिनके मेरी पलकें भीग जाती हैं,
हवा-ए-सर्द[9] वो किन वादियों से आती हैं।

बेतअल्लुक़[10] न मुझसे हो ऐ दोस्त,
बदसुलूक़ी[11] तेरी मुझे मन्जूर।

मैं पूछता तो हूँ मगर जवाब के लिए नहीं,
ये क्यों तेरी नज़र फिरी ये क्यों बदल गयी हवा।

---

1. मिलन, 2. रुक जाना, मुल्तवी हो जाना, 3. वियोग, विरह, 4. निकटता, 5. अप्रत्यक्ष, 6. प्रत्यक्ष, 7. अस्तित्व, 8. परलोक, 9. ठंडी हवा, 10. सम्बन्ध-विच्छेद, 11. अशिष्टता

बात तो ये है मुहब्बत तेरी,
दर्द का दर्द, दवा की दवा है।

दुनिया को बदल देना है कारे-अहम लेकिन,
इससे भी अहमतर है अपने को बदल देना।

ऐसा बेदर्द भी है काबा-शिकन,
एक पत्थर का दिल भी जो तोड़े।

साँस है गर्म-ओ-तेज़ सीने में,
हुई जाती है देर जीने में।

न पूछ कैफ़ियते-दिल बवक़्ते-अर्ज़े-नयाज़,
रुका-रुका सा वो लहजा डरी-डरी सी उमीद।

हनोज़ वक़्त के कानों में छमछमाहट है,
सदा वो तेरे क़दम की सुनी-सुनायी हुई।

ज़ंजीरों की ये झंकारें,
शोरे-बहाराँ, शोरे-बहाराँ।

कोई आँसू है या कोई तारा,
वो उफ़ुक़ पार कुछ नज़र आया।

इन्हें भी क्या मैं समझूँ याद तेरी,
हवाएँ क्यों रुला जाती हैं आकर।

तुम अपने ज़ौर को देना न इल्ज़ाम,
ये आँसू इत्तिफाक़न आ गये हैं।

इस सियासत की ख़ैर हो यारब,
ज़िन्दगी है कि इक मुसीबत है।

तुझको सौ-सौ तरह से करके याद,
तुझको सौ-सौ तरह भुलाता हूँ।

यगानगी हो कि बेगानगी ये तौर नहीं,
मैं सामने हूँ तुम्हारे ये कोई और नहीं।

रुस्वाई से क्यों डरते हैं इस दौर के आशिक़,
हम भी तो तेरे इश्क़ में बदनाम रहे हैं।

खुलें न हुस्न की फ़ितरत के राज़ आशिक़ पर,
बरत खुलूस भी झूठी क़सम भी खाये जा।

सर-ब-सर उसके जिस्म का अन्दाज़,
साँस विशनू की क्षीरसागर में।

मैंने देखा है वो भी आलमे-हुस्न,
कर्ब में भी वो बेक़रार न था।

है कल की बात कि महशर बपा था इस दिल में,
'फ़िराक़' आज ये घर भाँय-भाँय करता है।

ये कहके डाली बिना-ए-दिल[1], दस्ते-ग़ैब[2] ने गुलशने-जहाँ में,
चमन के हर ख़ारो-ख़स[3] के नीचे दबा हुआ इक शरार[4] होगा।

बहार लुटती थी मुट्ठी में कुल गुलिस्ताँ था,
मैं गुंचे-गुंचे[5] में करता रहा हूँ सैरे-चमन।

ज़मीन उसकी, फ़लक उसका, कायनात उसकी,
कुछ ऐसा इश्क़ तेरा ख़ानुमाँ-ख़राब[6] नहीं।

ज़िन्दगी-ज़िन्दगी को वक़्ते-सफ़र,
कारवाँ - कारवाँ छुपाती थी।

था ज़िक्रे-करम 'फ़िराक़' उसका,
क्यों आँख लगी है डबडबाने।

ऐ मुहब्बत तू इक अज़ाब[7] सही,
ज़िन्दगी बेतेरे जहन्नम है।

वही दर्द भी है, दवा भी है, वही मौत भी है, हयात भी,
वही इश्क़ नाविके-नाज़[8] है, वही इश्क़ सीना-सिपर[9] भी है।

तू इश्क़ ही की पशेमानियों[10] को रोता है,
तुझे ख़बर ही नहीं हुस्न भी तो पछताया।

ये मद में डूबी फ़ज़ा[11] ये सुकूते-नीमशबी,[12]
कहो कि तारों की आँखें कोई फ़साना सुनायें।

---

1. दिल की नींव, 2. अदृश्य हाथ, 3. घास-फूस, 4. अंगारा, 5. कली-कली, 6. बेघर-बार, 7. यम-यातना, 8. प्रेयसी का तीर, 9. छाती की ढाल, 10. शर्मिन्दगी या पछतावे, 11. वातावरण, 12. आधी रात की चुप्पी।

खा जाये बर्क़े-तूर[1] जहाँ ठोकरें 'फ़िराक़',
राहे-वफ़ा[2] में आते हैं ऐसे मक़ाम[3] भी।

आबे-हयात[4] हज़्म करने को,
कितने ज़हूर[5] पड़ेंगे पीने।

कभी हयात कभी मौत के झरोके से,
कहाँ-कहाँ से तेरे इश्क़ ने पुकारा है।

मैं हर एक अह्द[6] का राज़दाँ[7] मैं 'फ़िराक़' शहरी-ए-हर ज़माँ,[8]
जो ख़याल-ओ-ख़्वाब हैं सदियों के वे हैं मेरे क़ल्बे-गुदाज़ में[9]।

क्या कहना तुझको गर मिलती,
तेरी सूरत, मेरी तबीयत।

उसी दर्द से दुनिया ग़ाफ़िल, उसी दर्द का घर-घर चर्चा,
एक शबे-ग़म[10] की सौ रातें, एक मुहब्बत सौ अफ़साने।

मुहब्बत सीधी-सादी चीज़ है पर इसको क्या कीजै,
कि ये सुलझी हुई गुत्थी कोई उलझा ही जाता है।

छुपाता जा रहा हूँ, तुझको अपनी चश्मे-हैराँ[11] से,
बढ़ाता जा रहा हूँ फ़ुर्सते-नज़्ज़ारगी[12] अपनी।

सितारे, लाला-ओ-गुल[13] बज़्मे-हस्ती[14] बेतेरे बेकैफ़,[15]
हो कोई अंजुमन[16] महसूस होती है कमी तेरी।

---

1. तूर नामक पहाड़ की बिजली, जिसके द्वारा हज़रत मूसा ने खुदा जल्वा देखा था, 2. प्रेम-मार्ग, 3. स्थान, 4. जीवन-अमृत, 5. ज़हूर का बहुवचन, 6. युग, 7. रहस्यदर्शी, 8. हर ज़माने का नागरिक, 9. कोमल हृदय में, 10. विरह-रात्रि, 11. चकित नेत्रों से, 12. दृश्य देखने की अवधि, 13. फूल, 14. जीवनरूपी सभा, 15. फीकी, 16. सभा,

इक अजब मुअम्मा[1] है इश्क़ की तबीयत भी,
जब बहुत ही घबरा जाये तब ज़रा सँभलती है।

मैं अदम[2] अन्दर अदम हूँ, मैं जहाँ अन्दर जहाँ[3]
एक ही दुनिया हो मेरी ऐ 'फ़िराक़' ऐसा नहीं।

ये जो क़ौल-ओ-क़रार[4] है क्या है,
शक है या एतबार है क्या है।

अब हो मुझे देखिए कहाँ सुब्ह,
इन जुल्फ़ों में रात हो गयी है।

दिन को सूरजमुखी है वो नौगुल,
रात को है वो रातरानी भी।

कुछ अब तो अमान[5] हो कि दुनिया,
कितनी हलकान[6] हो गयी है।

कभी सोचा भी है ऐ नज़्मे-कोहना[7] के ख़ुदावन्दो,[8]
तुम्हारा हश्र[9] क्या होगा जो ये आलम[10] कभी बदला।

बैठना नाज़[11] से अंजुमन-अंजुमन,[12]
देखना नाज़ से दास्ताँ-दास्ताँ[13]।

नश्शा सँभाले है मुझे,
बहके हुए क़दम नहीं।

---

1. परलोक, 2. इहलोक, 3. उक्ति और वादे, 4. शान्ति, अमन, 5. परेशान, 6. पुरानी व्यवस्था, 7. स्वामियों, 8. परिणाम, 9. स्थिति-परिस्थिति या संसार, 10. मान-अभिमान, 11. सभा, 12. कथा-कहानी,

तेरे पहलू में क्यों होता है महसूस,
कि तुझसे दूर होता जा रहा हूँ।

दबी थी चोट ये मिट्टी में न जाने कब की,
रगे-पैमाना लहू देने लगी ऐ साक़ी।

चाल है बादा-ए-हस्ती[1] का छलकता हुआ जाम,
हम कहाँ थे तेरे नक़्शे-कफ़े-पा से पहले।

हासिले-हुस्नो-इश्क़[2] बस इतना,
आदमी आदमी को पहचाने।

तारों को, फ़ज़ाओं को, हवाओं को सुलाकर,
ऐ रात कोई आँख अभी जाग रही है।

आज की रात साज़े-दर्द न छेड़,
कर मुग़न्नी[3] हमारे ग़म का पास।

दुनिया - दुनिया, आलम - आलम,
होता इश्क़ और तनहा होता।

हर चिराग़ से हर तीरगी[4] नहीं मिटती,
चिराग़े-अश्क़[5] जलाओ, बहुत अँधेरा है।

इक आग लगा देती है दीवानों के दिल में,
गुन्चों[6] की रगों में जो तरी डोल रही है।

---

1. पद-चिह्न, 2. जीवन-मदिरा, 3. प्रेम तथा सौन्दर्य की प्राप्ति, 4. संगीतकार, 5. अँधेरा, 6. आँसुओं के दिये, 7. कलियों,

और तो अहले-दर्द[1] को कौन सँभालता भला,
हाँ तेरी शादमानियाँ[2] उनको रुला के रह गयीं।

हम अहले-इन्तिज़ार[3] के आहट पे कान थे,
ठंडी हवा थी, ग़म था तेरा, ढल चुकी थी रात।

साफ़ अलग हमको जुनूने-आशिक़ी[4] ने कर दिया,
ख़ुद को तेरे दर्द का पर्दा समझ बैठे थे हम।

मौत का भी इलाज हो शायद,
ज़िन्दगी का कोई इलाज नहीं।

समझ कुछ राज़ हुस्नो-इश्क़ के शबहा-ए-हिज्राँ में,[5]
कि रोने के लिए ये दुख भरी रातें नहीं होतीं।

सुब्ह को देख जो आलम[6] है सरे-शमूअ[7] ख़मोश,
रह गयी बात सरे-बज़्म[8] तो परवाने की।

कहूँ ये कैसे इधर देख या न देख इधर,
कि दर्द, दर्द है फिर भी, नज़र नज़र फिर भी।

यूँ उतरती जानेवाली ऐ निगाहे-शर्मगीं[9]
डूबकर देखें निकलता है तेरा नश्तर कहाँ।

मिटता भी जा रहा हूँ, पूरा भी हो रहा हूँ,
मैं किसकी आरज़ू हूँ मैं किसका मुद्दआ[10] हूँ।

---

1. पीड़ित प्रेमियों को, 2. प्रसन्नताएँ, 3. जिनके भाग्य में इन्तज़ार हो, प्रतीक्षारत, 4. प्रेमोन्माद, 5. विरह की रातों में, 6. स्थिति, 7. दीपक के सिरहाने, 8. महफ़िल में, 9. लज्जाशील दृष्टि, 10. उद्देश्य

रहती दुनिया की आवाज़ें आ-आके जहाँ सर पीट गयीं,
वो गोरे-ग़रीबाँ[1] की बस्ती किन गहरी नींदों सोती थी।

सरज़मीने-हिन्द[2] पर अक़वामे-आलम[3] के 'फ़िराक़'
क़ाफ़िले बसते गये हिन्दोस्ताँ बनता गया।

किसी की हालते-दिल सुनके उठ गयीं आँखें,
कि जान पड़ गयी हसरत भरे फ़साने में।

चारागरो[4] ये तस्कीं[5] कैसी! मैं भी हूँ इस दुनिया में,
उनके ऐसा दर्द कब उट्ठा जिनको बचना होता था।

अपना पैमाने-वफ़ा[6] फिर याद कर ले एक बार,
आज होते हैं जुदा ऐ दोस्त तेरे दिल से हम।

नकहते-ज़ुल्फ़े-परीशाँ[7] दास्ताने-शामे-ग़म,[8]
सुब्ह होने तक इसी अन्दाज़ की बातें करो।

आज हममें नहीं वो जाने-हया[9] किससे कहें,
सुब्ह के रंग में शर्माओ कि कुछ रात कटे।

जिसे कहती है दुनिया कामयाबी वा-ए-नादानी[10],
उसे किन क़ीमतों पर कामयाब इन्सान लेते हैं।

शिकवा किया सितम का तो नमदीदा[11] हो गये,
तुम तो ज़रा सी बात पे रंजीदा[12] हो गये।

---

1. परदेसियों की कब्रों, 2. भारत-भूमि, 3. दुनियाभर की जातियों, 4. उपचारकों को सम्बोधन, 5. तसल्ली, 6. प्रणय-वचन, प्रेम-प्रतिज्ञा, 7. उलझे हुए केशों की सुगन्ध, 8. शाम की दुख-कथा, 9. लज्जा की आत्मा (प्रिय से आशय), 10. हाय रे नादानी, नादानी पर अफ़सोस प्रकट करना, 11. आँखों का नम हो जाना, आर्द्र नैन, 12. रूठ जाना या क्रोधित होना।

कहाँ निगाहे-नाज़[1] और कहाँ ये नक़्शे-आरज़ू[2]
बढ़ा दिया, घटा दिया, बना दिया, मिटा दिया।

पूछते हो ग़मो-ख़ुशी[3] क्या है,
काश पूछो कि ज़िन्दगी क्या है।

अब दो आलम[4] कहीं न टकराएँ,
मौत ने साज़े-ज़िन्दगी छेड़ा।

वही है हुस्न जिसमें इश्क़ का आलम निकलता हो,
वो सूरत जो अज़-सर-ताक़दम[5] सीरत[6] न हो जाए।

तेरे जमाल[7] में बेचैनियाँ कहाँ मेरी,
कि मैं तो इश्क़ हूँ मुझमें तेरा सुकून कहाँ।

जो उठ न सका सुब्हे-अज़ल[8] अपने सहारे,
हुस्न उसका वही दर्द उठाने के लिए है।

ये आरज़ू है कोई अह्ले-दिल[9] कहीं मिलता,
ख़ुदा मिले तो मिले आदमी नहीं मिलता।

फिर ये कैसी कसक-सी है दिल में,
तुझको मुद्दत हुई कि भूल चुका।

तुझसे हिजाब[10] क्या मगर ऐ हमनशीं[11] न पूछ,
उस दर्दे-हिज्र[12] को जो शबे-ग़म[13] उठा नहीं।

---

1. प्रिय की दृष्टि, 2. कामना चिह्न, 3. सुख-दुख, 4. दो लोक 5. सर से पैर तक, 6. गुणयुक्त, 7. चेहरा, 8. आदिकाल, 9. दिलवाला, 10. पर्दा, 11. साथी, 12. विरह-दुख, 13. दुख की रात।

बहुत दिनों में मुहब्बत को हो सका मालूम,
जफ़ा फ़रेबे-जफ़ा[1] थी वफ़ा फ़रेबे-वफ़ा।

नेक आलम[2] से अख़लाक़[3] मुकम्मल न हुआ,
इसमें कुछ जुर्मो-गुनह और भी शामिल कर ले।

हवस को इश्क़ बनाना है काम इन्साँ का,
वो और होंगे जो तर्के-हवस[4] पे लट्टू हैं।

गिरिया-ए-इश्क़[5] पर न जा ऐ दोस्त।
आँख करती रहेगी काम अपना।

रह गयी तिलमिला के रूहे-निशात[6],
अधसुनी रागिनी है रूप तेरा।

'फ़िराक़' बात है क्या उससे छुटके औरों से,
मैं करके अर्ज़े-मुहब्बत[7] जो हो गया हूँ उदास।

कभी-कभी तो ये आलम[8] रहा तेरे ग़म का,
कि नाम भी न तेरा याद आ सका मुझको।

किसी की चश्मे-सियह[9] के पयाम[10] लाये हैं,
ये मेघदूत जो मँडला रहे हैं सिलसिलावार।

कर चुके लोग इज़्ज़ते-अशख़ास,[11]
कुछ ख़यालों का एहतराम[12] करो।

---

1. जुल्म का भ्रम, 2. कर्म, 3. नैतिकता, 4. वासना-त्याग, 5. प्रेम के आँसू बहाने पर या प्रेम का आर्त्तनाद, 6. आनन्द की आत्मा, 7. प्रणय-निवेदन, 8. स्थिति, हालत, 9. काली आँख, 10. संदेश, 11. विशेष व्यक्तियों का सम्मान, 12. सम्मान,

जब करते थे लोग शुक्रे-क़िस्मत,[1]
हम भी तेरा नाम ले रहे थे।

ख़ातिर में ऐसे-वैसों को लायी न आज तक,
ऊँची है किस क़दर तेरी नीची निगाह भी।

ये दुनिया छूटती है, मेरे ज़िम्मे कुछ न रह जाये,
बता ऐ मंज़िले-हस्ती[2] तेरा कितना निकलता है।

न सर्द[3] हो सके आतिशकदे[4] मुहब्बत के,
बुझे दिलों में भी रक़्से-शरर[5] का आलम है।

जैसे हो मीठी नींद में बच्चा,
हुस्ने-मासूम का वो आलम है।

हुस्न के वादा-ए-फ़र्दा[6] को न जाँचो-परखो,
दूर के ढोल सुहाने ये कहावत है 'फ़िराक़'।

तड़पकर जिगर मुँह को आ जाए है,
उसे देखकर कब रहा जाए है।

वस्ल-ओ-हिज्राँ[7] के कुछ फ़सानों[8] में,
ज़िन्दगी कट गयी बहानों में।

तुम ज़माने को माल-ओ-दौलत दो,
मैं ज़माने को ज़िन्दगी दूँगा।

---

1. भाग्य की प्रशंसा या अपने भाग्य को धन्यवाद देना, 2. अस्तित्व की मंजिल, 3. ठंडा होना, 4. अग्निशाला, 5. अंगारों की हलचल या चिंगारियों का नृत्य, 6. आनेवाले कल का वादा, 7. मिलने-बिछुड़ने,

अज़ल[1] के नूर में जैसे नहा उठे हर चीज़,
नया जनम है निगाहों का या तेरा दीदार[2]।

बस एक काम से मैंने ज़बान खोली है,
कि ज़िन्दगी को सुनाना है ज़िन्दगी की पुकार।

कल संगे-मुहतसिब[3] जो सरे-मैकदा गिरा,
चोट आयी, मेरे, गर्दने-मीना[4] तो बच गयी।

चार दिन दर्से-इश्क़[5] ले लेते,
आदमीयत भी हाथ आ जाती।

शिव का विषपान तो सुना होगा,
मैं भी ऐ दोस्त पी गया आँसू।

ज़िन्दगी तो गयी शबाब[6] के साथ,
ज़िन्दगी का ख़ुमार[7] बाक़ी है।

आज़ादियाँ उसी से इबारत[8] हैं ऐ नदीम,[9]
वो ज़ाते-लाशरीक[10] है पाबन्दिए-अज़ीम[11]।

तेरा ही सरापा[12] है तेरी ही अदाएँ हैं,
ऐ दोस्त तेरे हमराह इक होती है परछाईं।

बातें हैं या मौजे-तरन्नुम[13]
पैकर[14] है या बर्क़े-तबस्सुम[15]।

---

1. आदिकाल 2. देखना, दर्शन करना, 3. आचरण से संबंधित मामलों में पूछताछ करने वाले (शराबख़ाने में नियुक्त से आशय) क सख़्ती, 4. शराब की सुराही की गर्दन, 5. प्रेम-पाठ या प्रेम-दर्शन, 6. जवानी, 7. नशे के उपरान्त बची मस्ती, 8. लेख या श्रुतलेख, 9. मित्र, 10. निर्लिप्त, 11. बहुत बड़ा नियमबद्ध या वचनबद्ध, 12. नख-शिख, 13. राग की लहर, 14. शारीरिक आकृति या चेहरा, 15. मुस्कान की बिजली।

ऐ पैकरे-करम मेरे हाले ख़राब पर,
तेरी नज़र नहीं तो किसी क नज़र न हो।

आँसू के इक क़तरे में,
सैरे-दो आलम होती है।

आँखों से दरिया बह निकला,
दिल का छाला फूट गया।

मेरे ख़्वाबों की लोग क़द्र करें,
दौरे-तारीख़[1] इनमें पिनहाँ[2] हैं।

अज़[3] फ़ैज़े-इश्क़े-जानाँ[4] अब हमको क्या कमी है,
ग़म आगही[5] हमारी ख़ुद आगही[6] हमारी।

कैसे आग़ाज़े-ग़म[7] बयान करें,
इक ज़माना गुज़र गया अब तो।

तेरे जाने के बाद रात से दोस्त,
देर तक इश्क़ से रहीं बातें।

दुनिया अलग-थलग रहती है ग़मगी[8] रहनेवालों से,
काश कि हम भी हँसते-बोलते दुनिया से हिल-मिल के रहते।

आपसे मुझको बड़ी उल्फ़त[9] है,
आप कहिए तो क़सम खा जाऊँ।

---

1. युग की इतिहास, 2. निहित, 3. से, 4. प्रिय के प्रेम की कृपा, 5. दुख से परिचय, 6. ख़ुद से परिचय, 7. दुख की शुरुआत, 8. दुखी, 9. प्रेम।

एक वो मिलना एक ये मिलना,
क्या तू मुझको छोड़ रहा है।

हुस्न भी था अपनी परछाईं शामे-गरीबाँ[1] देख 'फ़िराक़',
इश्क़ वही है अब भी लेकिन छूट गये अपने बेगाने।

माहो-मिर्रीख़[2] तक तो तुम पहुँचे,
ख़ुदरसी[3] भी कभी नसीब हुई।

मैं तुझको देख के भी कैसे देखूँ,
चेहरे पे तेरे ये मुस्कराहट का नक़ाब।

'फ़िराक़' उससे मिलते ही पैग़ामे-वस्ल,[4]
हथेली पे सरसों जमाते हैं आप।

हुस्ने-एहसास[5] ही नहीं तो 'फ़िराक़',
सिर्फ़ इल्मो-अमल[6] से क्या होगा।

रंगे-रुख़[7] खुला इस तरह, आँच इश्क़ की खाकर के,
फूल जिस तरह निखरे सूखने से शबनम[8] के।

मौजें उठती रहती हैं रंगो-बू की सर-ता-पा,[9]
जब ये आलम[10] हो तो उसे क्योंकर कोई देख सके।

रह चुके हैं जो इश्क़ में बेसब्र,
सब्र करना उन्हीं को आता है।

---

1. शाम का दामन, 2. चाँद और मंगल-ग्रह 3. अपने तक पहुँचना (आत्मसाक्षात्कार से आशय) 4. मिलन का संदेश, 5. सौन्दर्य-बोध, 6. ज्ञान एवं कर्म, 7. मुखाकृति का रंग, 8. ओस, 9. सर से पाँव तक, 10. दशा,

शाम से रात भर वो गिरिया-ए-हिज्र,[1]
मस्जिदों से अज़ान आयी है।

तुझसे छुटने के बाद से ऐ दोस्त,
इक मिटा एतबार हूँ अब मैं।

ज़िन्दगी का भी कोई ठीक नहीं,
हो सके जो भी काम कर गुज़रें।

ये तो शिकवे हैं, एक मुद्दत से,
आओ कुछ आज फ़ैसला कर लें।

ग़मे-दौराँ[2] को भी करूँ रूख़सत,[3]
क्यों तेरे ग़म का गिला रह जाये।

आ गये याद तेरे लुत्फ़ो-करम,[4]
दिले-ग़मगीं[5] को सब्र आ जाता।

मैंने देखे हैं आँख वाले भी,
दर्द का सामना नहीं करते।

रूप का अक्स[6] रूप में देखा,
कोई शबनम ज़दा गुलाब है तू।

ज़िन्दगी को ख़ुशी मयस्सर[7] थी,
यारो वो भी कोई ज़माना था।

---

1. विरह का आर्त्तनाद, 2. दुख-चक्र, 3. विदा, 4. कृपा और आनन्द, 5. दुखी हृदय, 6. प्रतिबिम्ब, 7. उपलब्ध,

दिल में कुछ सोच-सोच के रह जायें,
और क्या अपने अख़्तियार[1] में है।

तू भी 'फ़िराक़' कहाँ जा निकला,
मन्ज़िल तुझको ढूँढ़ रही है।

उसी आलम[2] के कुछ नक़्शो-निगार[3] अशआर[4] हैं, मेरे,
जो पैदा हो रहा है हक़-ओ बातिल[5] के तसादुम[6] से।

दे रहा है अहदे-रफ़्ता[7] आज भी अपना निशाँ,
आज भी ख़ाकस्तरे-माज़ी[8] से उठता है धुआँ।

सर उठा हाँ सज्दए-दैरो-हरम[9] से सर उठा,
वो झलकती है उफ़ुक़[10] पर आस्ताने-कायनात[11]।

आलम[12] के सुकूते-सरमदी[13] में,
सुन रहा हूँ मैं अपनी गुनगुनाहट।

सदा-ए-नाज़[14] में जैसे दमक सितारों की,
वो बात करने में आवाज़ का चढ़ाव-उतार।

जाविदानी[15] ज़िन्दगी का है तसव्वुर[16] भी अज़ाब[17]
रूह[18] घबरा जायेगी इस क़ैदे-बेमिआद[19] से।

सुनो 'उम्मीद' क्या है रहगुज़ारे-ज़िन्दगानी[20] में,
वो इक गुमराहकुन रहबर है पर है हमसफ़र अच्छी।

---

1. बस में, सामर्थ्य में 2. संसार, 3. चिह्न एवं चित्र, 4. शेर का बहुवचन, 5. सत्य और असत्य, 6. टकराव, 7. विगत युग, 8. भूतकाल की राख, 9. मन्दिर-मस्जिद का सजदा, 10. क्षितिज, 11. ब्रह्माण्ड की दहलीज या चौखट, 12. संसार, 13. शाश्वत शांति, 14. प्रिय की आवाज में, 15. अमरता, 16. विचार, 17. दुखपूर्ण कष्टप्रद, 18. आत्मा, 19. अनिश्चितकालीन क़ैद, 20. जीवन-पथ।

इक ज़ुबान होकर भी मुख़्तलिफ़[1] ज़बानें थीं,
आदमी की बातों को आदमी नहीं समझा।

ये कामयाबी वो बदनसीबी है जिससे बचना नहीं है आसाँ,
मगर बहुत बदनसीब हैं वो जो हो गये कामयाब जल्दी।

पूछते हैं फ़ायदा क्या इश्क़ से,
पूछिए क्या फ़ायदे से फ़ायदा।

ग़मे-'फ़िराक़' में ये भी ख़याल गुज़रा है,
कि ख़ुश भी होते तुझे पा के हम तो क्या होता।

गुमाँ[2] होता है तेरी नाज़ुकी पर,
कि मेरा साया-ए-तारे-नज़र[3] है।

इसमें क़वामे-दर्द[4] मिला ले,
राहत राहत बन जायेगी।

छिछले आँसू छिछली लाग,
कच्चा पानी कच्ची आग।

ज़िन्दगी जो दिखाये देखेंगे,
हम सभी ज़िन्दगी के हाथ में हैं।

अपनों के काम आयें न ग़ैरों के काम आयें,
गो आदमी हैं आप बड़ी टीम-टाम के।

1. विभिन्न, अलग-अलग, 2. भ्रम, 3. दृष्टि-तन्तु या दृष्टि-डोर की छाँव, 4. पीड़ा की सच्चाई या सरलता,

मेरे ये अशआर[2] हैं यारो मेरी अनदेखी तस्वीरें,
ये हैं कहीं ज़ियादा सच्ची मेरी देखी तस्वीरों से।

अपने अन्दर ख़ुद अपने आपको मैं,
रोज़ ऐ दोस्त दफ़्न करता हूँ।

दिल न पैमाने-इश्क़[3] तोड़ेगा,
है मक़ूला[4] कि बात मर्द की एक।

कम नज़र ऐ दोस्त मेरी ख़ूबियाँ समझेंगे क्या,
कर उठें अश-अश समझ जायें अगर मेरे उयूब[5]।

अपने बारे में हम भी कुछ सोचें,
तेरे ग़म से भी कुछ सलाह करें।

ख़ैर सच तो है सच मगर ऐ झूट,
मैंने तेरा भी एतबार किया।

पहले हँसते थे बात-बात पे हम,
ग़म पे भी अब हँसी नहीं आती।

तेरी सूरत तक अब तो भूल गये,
दिल में अब भी मगर तेरा ग़म है।

ग़मे-फ़ुरक़त[6] हो या निशाते-विसाल,[7]
वक़्त ने दोनों का भरम खोया।

---

1. यद्यपि कि, 2. शेर का बहुवचन, 3. प्रेम-प्रण, 4. कथन, 5. बुराई, 6. विरह-पीड़ा, 7. मिलन-सुख।

चौंक पड़ता है यूँ ये दिल जैसे,
कोई बैठे-बिठाये याद आये।

दिल में दोज़ख[1] थी पर ज़माने को,
रश्के-गुलज़ार[2] कर दिया मैंने।

आदमी मुश्ते-ख़ाक[3] है लेकिन,
सुरमए-चश्मे-मेह्रो-माह[4] भी है।

ये अँधेरा चार सू[5] ये बेकराँ हस्ती की रात,
इसमें हम शम्मे-शबिस्ताँ हम ज़मीरे-कायनात।

जब रात थी न दिन था न हस्ती न नेस्ती,
हम साँस ले रहे थे वजूदे-हवा से क़ब्ल।

इश्क़ के शिकवे भी तभी तक हैं,
कोई जब तक जुदा नहीं होता।

इक थमी लह्र है कि जिस्म उसका,
चाल है या ख़रामे-दरिया[6] है।

दुश्मनी में भी तेरी है वो कशिश,[7]
दूसरों की जो दोस्ती में नहीं।

झूठ और सच की कहाँ इश्क़ से बढ़कर है मिसाल,[8]
जिसकी हर एक बात की तरदीद[9] ही तस्दीक़[10] है।

---

1. नर्क, 2. फूलों के बाग़ को भी लज्जित कर देनेवाला, 3. मुट्ठी भर मिट्टी, 4. सूरज और चाँद की आँख का सुरमा, 5. चारों ओर, 6. दरिया की चाल, 7. खिंचाव, 8. उदाहरण, 9. खण्डन या प्रत्युत्तर, 10. प्रमाण या सुबूत,

खुल न सकता था कभी राज़[1] शकेबाई[2] का,
तूने बेताब अगर इतना न बनाया होता।

बदन पुकार रहा है कि दिल ही दिल हूँ तमाम,
जहाँ से देखिए आया हुआ-सा प्यार है वो।

सिमट-सिमट सी गयी है फ़िज़ा-ए-बेपायाँ[3]
बदन चुराये वो जिस दम इधर से गुज़रे हैं।

इज्तमाई[4] ज़िन्दगी के भी उसूल[5]
इश्क़ की ख़लवत[6] के पैदावार हैं।

इश्क़ दौलत के पुजारी का है खोटा कि खरा,
अभी मालूम हो सिक्का जो ये टकसाल[7] चढ़े।

सहल है बारे-दिल[8] उठाना क्या,
पर्वतों पर ये फूल भारी है।

कहीं रंगो-बू[9] की दुनिया उन्हें ले के उड़ गयी है,
अरे उतरे पैरहन[10] हैं कि गुले-ख़िज़ाँ-रसीदा[11]।

हम हैं वो अह्ले-राज़[12] जिसको,
वो आँख क़सम दिला गयी है।

न जानो रायगाँ[13] तुम इन नवाहाए-परीशाँ[14] को,
कि ये आवारा-गर्द-अशआर[15] दुनियाएँ बसाते हैं।

---

1. रहस्य, 2. सब्र करना, सहनशीलता, 3. वातावरण की असीमता या असीमितता, 4. सामूहिक, 5. सिद्धान्त, 6. एकाकीपन, 7. जहाँ सिक्के ढाले जाते हैं, 8. दिल का बोझ, 9. रंग और सुगन्ध, 10. वस्त्र, 11. मुरझाये हुए फूल, 12. रहस्यदर्शी, 13. व्यर्थ, 14. परेशान आवाज़ें, 15. भ्रमणशील शेर,

याद रखना कि था तुम्हीं-सा कोई,
बज़्मे-हस्ती[1] में दर्द की तस्वीर।

हमको-तुमको फेर समय का ले आयी ये हयात कहाँ,
हम भी वही हैं तुम भी वही हो लेकिन अब वो बात कहाँ।

घूँघट मारे नार खड़ी मन-मन्दिर में,
यूँ वियोग में मुझको तेरी सुधि आई।

हर कोई समझता है अपनी ही निगाह उसको,
पड़ रही है उस रूख़ पर आज इक किरन तनहा।

मैं क्या जानूँ दूरी-ओ-क़ुरबत[2] मैं क्या जानूँ हिज्र-ओ-विसाल,[3]
तुझसे मिलके हुआ अन्दाज़ा अपने से कितना दूर रहा हूँ।

जैसे परदे में रागिनी हो,
यूँ ज़ेरे-क़बा[4] तेरा बदन है।

यूँ ही ज़िन्दगी में पड़े-पड़े मुझे मिल गया जो न मिल सका,
न रुकूअ[5] में न सुजूद[6] में न अज़ान में न नमाज़ में।

सितारे खो गये हैं रूप के संगीत में अक्सर,
कहाँ साज़े-शबे-महताब[7] में भी नग़मगी तेरी।

न आया दूसरा दिन क़ैद में और जान दे डाली,
मुकद्दर था असीरो[8] देख लेना शामे-ज़िन्दाँ[9] को।

1. अस्तित्व-क्षेत्र, 2. निकटता और दूरी, 3. मिलन-वियोग, 4. वस्त्र के नीचे, 5. नमाज के लिए झुकना, 6. सजदा करना, 7. चाँदनी रात का साज़, 8. बंदी या क़ैदी का बहुवचन, 9. क़ैद की शाम,

मुझको गुनाहो-सवाब[1] से मतलब, लेकिन इश्क़ में अक्सर आये,
वो लम्हे ख़ुद मेरी हस्ती[2] जैसे मुझे देती हो दुआयें।

जो हो सके तो इधर की भी राह भूल पड़ो,
सनमकदे[3] की हवाओ बड़ी उदास है रात।

उड़े मेह्रो-महो-अंजुम[4] गुबारे-रहगुज़र[5] होकर,
कहाँ मारा क़दम इन्सान ने बेबाल-ओ-पर[6] होकर।

होते-होते सुबह हुई,
कटते-कटते रात कटी।

मेरे पास धरा ही क्या था दर्दभरी कुछ सौग़ातें,
जिनके दम से रुख़े-हस्ती पर देखो क्या ताबानी[7] है।

दबे पाँवों हवा बनकर वो जब दिल में सनकता है,
ये सहरा[8] चौंक पड़ता है जो पत्ता भी खड़कता है।

फिर भी तो अहले-ग़म[9] तेरे राज़े-सुकूँ[10] न पा सके,
तूने नज़र की लोरियाँ देके सुला दिया तो क्या।

तुझे घाटा न होने देंगे कारोबारे - उल्फ़त[11] में,
हम अपने सर तेरा ऐ दोस्त हर नुक़सान लेते हैं।

सर मे़ं सौदा[12] भी नहीं दिल में तमन्ना भी नहीं,
लेकिन इस तर्के-मुहब्बत[13] का भरोसा भी नहीं।

---

1. पाप-पुण्य, 2. अस्तित्व 3. मूर्तिगृह या बुतख़ाना (प्रिय के घर से आशय), 4. सूर्य-चन्द्र-तारे, 5. पथ-धूल, 6. निस्सहाय या बिना डैने और पंख के 7. चमक, 8. जंगल, 9. दुखी या अभागे, 10. शांति-रहस्य, 11. प्रेम-व्यापार, 12. पागलपन, 13. प्रेम-त्याग,

हर रगे-दिल[1] वज्द[2] में आती रहे दुखती रहे,
यूँ ही उसके जा-ओ-बेजा[3] नाज़ की बातें करो।

हमसफ़र राहे-अदम[4] में न हो तारों भरी रात,
हम पहुँच जायेंगे इस आबला-पा[5] से पहले।

उस जा तेरी निगाह मुझे ले गयी जहाँ,
लेती हो जैसे साँस ये अनासिर[6] की कायनात।

रात कमाल कर गयीं आलमे-कर्बो-दर्द[7] में,
दिल को मेरे सुला गयीं तेरी नज़र की लोरियाँ।

क्यों इन्तहा-ए-होश[8] को कहते हैं बेख़ुदी,[9]
ख़ुर्शीद[10] ही की आख़िरी मंज़िल तो रात है।

आईना दिखा दिया ये किसने,
दुनिया हैरान हो गयी है।

सरे-शाम से रतजगे[11] का वो सामाँ,
वो पिछले पहर नींद आने की रातें।

क़ीमते-हुस्न, दो जहाँ,
कोई बड़ी रक़म नहीं।

जाने भी दो नाम किसी का आ गया बातों-बातों में,
ऐसी भी क्या चुप लग जाना कुछ तो कहो क्या सोचो हो।

---

1. दिल की धड़कन, 2. आनन्दातिरेक या आत्मविस्मृति, 3. उचित-अनुचित, 4. अनस्तित्व की राह, परलोक-यात्रा, 5. पाँव के छाले, 6. मूल तत्त्वों, 7. दर्द और तड़प की हालत में, 8. होश की अंतिम सीमा, 9. आत्म-विस्मरण, 10. सूर्य, 11. रात्रि-जागरण,

ये कौन मुस्कराहटों का कारवाँ लिए हुए,
शबाबों-शेरो-रंगो-नूर[1] का धुआँ लिए हुए।

अभी तो रूह[2] बनके ज़र्रे-ज़र्रे में समाऊँगा,
अभी तो सुबह बनके मैं उफ़ुक़[3] पे थरथराऊँगा।

अब यादे-रफ़्तगाँ[4] की भी हिम्मत नहीं रही,
यारों ने कितनी दूर बसायी हैं बस्तियाँ।

जब रात तेरी याद आने लगी,
हर ग़फ़लत[5] क़समें खाने लगी।

झपक रही हैं ज़मानों-मकाँ[6] की भी आँखें,
मगर है क़ाफ़िला आमादा-ए-सफ़र[7] फिर भी।

अब दौरे-आस्माँ है न दौरे-हयात है,[8]
ऐ दर्दे-हिज्र[9] तू ही बता कितनी रात है।

जब साज़े-ग़ज़ल को छूता हूँ रातें लौ देने लगती हैं,
ज़ुल्मात[10] के सीने में हमदम मैं रोज़ चराग़ाँ[11] करता हूँ।

देखिए लौ देता जाये कब तक आदम[12] का गुनाह,
देखिए उठता है कब तक ख़ूने-इन्साँ से धुआँ।

कौन ये ले रहा है अँगड़ाई,
आस्मानों को नींद आती है।

---

1. जवानी, शायरी, रंग और प्रकाश, 2. आत्मा, 3. क्षितिज, 4. अतीत की याद, 5. अचेतनता, 6. धरती-आकाश, 7. यात्रा पर तत्पर, 8. न जीवन है न मृत्यु है, 9. विरह-पीड़ा, 10. अंधकार, 11. चराग़ का बहुवचन, चराग़ जलाना, 12. बाबा आदम से आशय, मानव,

चुप हो गये तेरे रोनेवाले,
दुनिया का ख़याल आ गया है।

उजले-उजले से कफ़न में सहरे-हिज्र[1] 'फ़िराक़',
एक तस्वीर हूँ मैं रात के कट जाने की।

ज़िन्दगी को भी मुँह दिखाना है,
रो चुके तेरे बेक़रार बहुत।

मेरे शेर आँसुओं में आलम[2] की,
कह गये हैं कहानियाँ क्या-क्या।

किया है सैरगहे-ज़िन्दगी[3] में रूख़ जिस सम्त,[4]
तेरे ख़याल से टकरा के रह गया हूँ मैं।

क्या मुसीबतें थीं कि बरदाश्त कर गये,
पूछो न ज़िन्दगी की ख़बर हम तो मर गये।

इस पुरसिशे-करम[5] पै तो आँसू निकल पड़े,
क्या तू वही ख़ुलसे-सरापा[6] है आज भी।

जो तेरे गेसू-ए-पुरख़म[7] से खेल भी न सकीं,
उन उँगलियों से सितारों को छेड़ सकता हूँ।

तेरी वो नर्म दोशीज़ा-निगाही[8] दिल नहीं भूला,
पड़ी जब-जब नज़र तेरी निगाहे-अव्वलीं[9] निकली।

---

1. विरह की सुबह, 2. संसार, 3. जीवन-यात्रा, 4. ओर, दिशा, 5. हाल-चाल पूछने की कृपा करना, 6. पूर्ण निष्कपट और सरल, 7. घुँघराले बाल, 8. कौमार्य-दृष्टि, 9. प्रथम दृष्टि, पहली नज़र,

रगे-जाँ[1] से नाज़ुक हैं ख़त[2] उस बदन के,
इलाही[3] ये किसकी क़लमकारियाँ[4] हैं।

बड़े .जीवट का काम है हमदम,
शोरे-दुनिया को सुन के चुप रहना।

पड़ती है जब आँख तुझ पर ऐ जाने-बहार,
संगीत की सरहदों को छू लेता हूँ।

याद आता है कोई रह-रह के,
ज़िन्दगी की वो बोलती तस्वीर।

ये जुदाई की शब[5] है कुछ देर और
हाथ में हाथ दिये बैठे रहें।

सुनो मुझसे असरारे-आलम[6] कि मैंने,
सुकूते-लबे-नाज़[7] से बात की है।

मुहब्बत को हँसी-खेल आज तूने कह दिया नादाँ,
ख़बर है कुछ मुहब्बत की? बड़ी तकलीफ़ होती है।

उसकी फ़ुर्क़त[8] ने कर दिया माज़ूर,[9]
क्या करें ऐ 'फ़िराक़' क्या न करें।

लेके एक अँगड़ाई, बज़्म[10] हो गयी रुख़सत,[11]
यादगारे-महफ़िल है शम्म-ए-अन्जुमन[12] तनहा।

---

1. प्राण, 2. लकीर या लिखावट, 3. ईश्वर, 4. नक़्क़ाशी करना या लिखना, 5. रात्रि, 6. जगत के भेद, 7. प्रिय के मौन होंठ, 8. वियोग, जुदाई, 9. असमर्थ, कोई काम करने के योग्य न रह जाना, 10. सभा, 11. विदा, 12. शम्मा की सभा।

बदनचोर, चितचोर तो थे ही क्या तुम समयचोर भी हो,
ये तो बताओ लिये जाते हो साथ अपने ये रात कहाँ।

सत्य एक है लेकिन इसके नाम अनेक,
एक नदी है लेकिन इसके घाट कई।

कैसे कहूँ किस तरह बताऊँ आके कहाँ मैं क़ैद हुआ हूँ,
गंजे-बेकराँ[1] के ज़िन्दाँ[2] में सम-सम कहना भूल गया हूँ।

मैं नींद में हूँ या कि जागता हूँ,
इक ख़्वाब है या तेरा बदन है।

तेरी मक़बूलियत[3] की वजह वाहिद[4] तेरी रमज़ीयत,[5]
कि उसको मानते ही कब हैं जिसको जान लेते हैं।

हम अहले-ग़म[6] ने कल पर टाल रक्खा रहमते-हक़[7] को,
खुले थे खुल्द[8] के दर पर तबीयत ही न थी अपनी।

अलग-अलग बहती रहती है, हर इन्साँ की जीवनधारा,
देख मिलें कब आज के बिछड़े ले लूँ बढ़कर तेरी बलाएँ।

ग़ज़ल के साज़ उठाओ बड़ी उदास है रात,
नवा-ए-मीर[9] सुनाओ बड़ी उदास है रात।

मैं वो फ़साना हूँ जो कभी ख़त्म ही न हो,
हर बार दरमियान से छोड़ा गया हूँ मैं।

---

1. असीमित समूह या झुण्ड, असीमित, ख़ज़ाना, 2. क़ैद, 3. स्वीकार्यता, 4. एकमात्र कारण, 5. रहस्यात्मकता, 6. ग़मवाले, दुखी, 7. ईश्वर की अनुकम्पा, 8. स्वर्ग, 9. मीर का गीत।

नग़मा है, ग़म है, मस्ती है,
साक़ी फिर भी कोई कमी है।

मुतरिब[1] तूने खींच के रख दी क़ामते-राना[2] की तस्वीर,
खिंचती हुई अलाप किसी की उठती हुई जवानी है।

दिले-ग़मगीं की कुछ महवीयतें[3] ऐसी भी होती हैं,
कि तेरी याद का आना भी ऐसे में खटकता है।

गुरबतो-गुमरही[4] का नाम कूचए-यार[5] रख दिया,
गो[6] थीं तमाम मंज़िलें इश्क़ के ज़ेरे-पा[7] तो क्या।

कोई नहीं जो साथ दे तेरी हरीमे-नाज़[8] तक,
बिखरे हुए महो-नजूम[9] देते हैं सब तेरा निशाँ।

तोड़ा है लामका[10] की हदों को भी इश्क ने,
ज़िन्दाने-अक्ल[11] तेरी तो क्या कायनात[12] है।

सरे-शाम से तासहर कुर्बे-जानाँ,[13]
न जाने वो थीं किस ज़माने की बातें।

जिनको इतना याद करो हो, चलते-फिरते साये थे,
उनको मिटे तो मुद्दत गुज़री नामो-निशाँ क्या पूछो हो।

क़दम-क़दम पे दे उठी है लौ ज़मीने-रहगुज़र,[14]
अदा-अदा में बेशुमार बिजलियाँ लिए हुए।

---

1. गायक, 2. सुन्दर व्यक्ति का क़द या आकार-प्रकार (प्रिय के सन्दर्भ में आशय), 3. अनुरक्तता, तल्लीनता, 4. परदेस और भटकाव, 5. यार की गली, 6. यद्यपि, 7. पाँव के नीचे, 8. प्रिय की सभा या माशूक़ की महफ़िल, 9. चाँद-तारे, 10. अनन्त, 11. तर्क का कारागार या बुद्धि की संकीर्णता, 12. हैसियत या महत्त्व, 13. शाम से सुबह तक प्रिय का सामीप्य, 14. पथ-भूमि।

नये ज़माने में अगर उदास ख़ुद को पाऊँगा,
ये शाम याद करके अपने ग़म को भूल जाऊँगा।

अभी तो कितने नाशुनीदा[1] नग़मए-हयात[2] हैं,
अभी निहाँ[3] दिलों में कितने राज़े-कायनात[4] हैं।

अच्छा तेरी ही ज़िद रहेगी,
अच्छा तुझे भूल जायेंगे हम।

बजा[5] ये ज़ब्ते-ग़म[6] लेकिन मुहब्बत में कभी रो ले,
दबाने के लिए हर दर्द ऐ नादाँ नहीं होता।

चारासाज़ो[7]! तसल्लियाँ बरहक़,[8]
अपनी हालत को हम समझते हैं।

मैं मुद्दतों जिया हूँ किसी दोस्त के बग़ैर,
अब तुम भी साथ छोड़ने को कह रहे हो ख़ैर।

जीनेवाले जी लेंगे,
अब न मिलोगे अच्छी बात।

कोई अफ़साना छेड़ तनहाई,
रात कटती नहीं जुदाई की।

संगपारों[9] के दिल हैं कितने गुदाज़,[10]
इनमें जैसे खनक हो शबनम[11] की।

---

1. जो सुना न गया हो, अनसुना, 2. जीवन-गीत या जीवन का संगीत, 3. निहित, 4. ब्रह्माण्ड के रहस्य, 5. उचित, 6. ग़म को आत्मसात कर लेना, ग़म को इस प्रकार अपना लेना कि उसका प्रभाव ख़त्म हो जाय, 7. उपचारकों या उपदेशकों को सम्बोधन, 8. उचित या वास्तविक, 9. पत्थर के टुकड़े, 10. नर्म, नाजुक, 11. ओस।

कैसी ये हवा चली चमन में,
मुँह सूख गया कली-कली का।

कौन ऐ दोस्त इतना प्यारा है,
हम सिवा तेरे किसके प्यारे हैं।

आये न नज़र लकीर ऐसी,
नेकी-ओ-बदी[1] के दरमियाँ है।

प्रेम-पुजारी नेम-धरम से जीना था,
तोड़ दिया हर संजम[2] तुझको क्या सूझी।

पाल ले इक रोग नादाँ ज़िन्दगी के वास्ते,
सिर्फ़ सेहत के सहारे ज़िन्दगी कटती नहीं।

कोई कहो ये ख़यालों से और ख़्वाबों से,
दिलों से दूर न जाओ बड़ी उदास है रात।

सबको अपने दुख हैं सबको अपनी-अपनी पड़ी है,
ऐ दिले-ग़मगीं[3] तेरा फ़साना कौन सुनेगा किसको सुनायें।

मानूस[4] हो के है वही तेरी मग़ायरत,[5]
होता है ये गुमान[6] कि अपना भी तू नहीं।

निसारे-दीदए-बेख़्वाब[7] जागने की तरह,
जो जाग भी न सके उसको नींद क्या आये।

---

1. अच्छाई-बुराई, 2. संयम, 3. दुखी दिल, 4. जिसके साथ प्रेम हो, परिचित, 5. परायापन, 6. भ्रम, 7. अनिद्र आँखों की मुग्धता।

हुस्न ख़ुद क़ुर्ब[1] इश्क़ ख़ुद दूरी,
वस्लो-फ़ुर्क़त[2] तो इक बहाना है।

ख़ुदा करे न ज़रूरत पड़े तुझ ऐसे की,
जिसे ख़ुद अपनी ज़रूरत का कुछ नहीं एहसास।

मैं जिसके सबब[3] तेरी इनायत का हूँ ख़्वाहाँ[4],
शायद वो मेरा हाल मुझे भी नहीं मालूम।

हर इक अपने घर का राजा,
इश्क़ का घर परदेस बराबर।

अभी बहुत ठोकरें हैं खाना, अभी बहुत चाल चूकना है,
अभी बहुत गुल हैं खिलनेवाले, अभी बहुत ख़ून थूकना है।

कभी-कभी उसे नज़रें बचाके देखा था,
हरीफ़े-उम्रे-अबद[5] थे वो नीम-लम्हे[6] भी।

तेरी यादों की रातों में कभी जब वक़्त पूछा है,
निदा[7] दी आसमानों ने अबद[8] का अब अमल[9] होगा।

बेवफ़ा तू नहीं ऐ दोस्त, जिसे कहते हैं इश्क़,
तुझको उस शिद्दते-एहसास[10] की बरदाश्त नहीं।

तेरा 'फ़िराक़' तो उस दिन तेरा 'फ़िराक़' हुआ।
जब उनको प्यार किया मैंने जिनसे प्यार नहीं।

---

1. निकटता, 2. मिलना-बिछुड़ना, 3. कारण, 4. ख़्वाहिश करनेवाला, 5. अनन्तता की समानता करनेवाले या अनन्तता के प्रतिद्वन्द्वी, 6. अर्द्धक्षण, 7. आवाज देना या कहना, 8. अनन्तता, 9. प्रभाव या प्रारम्भ, 10. भाव-प्रवणता,

विसाल[1] को भी बना दे जो ऐन दर्दे-'फ़िराक़',
उसी से छूटने का ग़म सहा नहीं जाता।

तू मुझको न भूला दिल से मगर मेरा न हुआ मेरा न हुआ,
मैं तुझको भुला कर भी प्यारे तेरा ही रहा तेरा ही रहा।

दिये जाता हूँ तेरी याद को राह,
तुझको सौ-सौ तरह भुलाता हूँ।

आह ये चश्मे-तवज्जुह[2] तेरी ग़फ़लत-आमेज़,[3]
इश्क़ सर-ता-बक़दम[4] शुक्र-शिकायत-आमेज़[5]।

न पूछ किस रंग से दिलों पर निगाह साक़ी की पड़ रही है,
हिजाबे-शामे-अबद[6] उठेंगे, वो नशा-ए-बेखुमार[7] होगा।

ये तेरा शोला-ए-आवाज़ है कि दीपक राग,
आ क़रीबो-दूर चिराग़ हो गये रौशन।

ठहर-ठहर के तेरा देखना नयी दुनिया,
अरे वो कौन नज़र है जो इंतिख़ाब[8] नहीं।

ये नसीबे-इश्क़[9] की गर्दिशें[10] कि ज़माँ-मकाँ[11] से गुज़र के भी,
वही आस्माँ, वही शामे-ग़म, वही शामे-ग़म की सहर[12] भी है।

दिलों ने तुझसे भी जिसको बचा के रक्खा था,
निगाहे-यार वही दर्द आज काम आया।

---

1. मिलन, 2. कृपा-दृष्टि, 3. उपेक्षा-युक्त, 4. पूर्ण रूप से, 5. कृतज्ञ तथा कृतघ्न युक्त, 6. अनन्तकाल की शाम का आवरण, 7. मालूम न पड़नेवाला नशा, 8. चुनी हुई, 9. इश्क़ का भाग्य, 10. भाग्य-चक्र, 11. धरती-आकाश, 12. सुबह।

कुछ आदमी को हैं मजबूरियाँ भी दुनिया में,
अरे वो दर्दे-मुहब्बत सही तो क्या मर जायें।

जोबन में आँखों की झपक है,
आँखें जोबन के आईने।

इन्सान का सफ़र है अबद[1] और अज़ल[2] के बीच,
आवाजे-पा[3] उसी की सुनेंगे ग़ज़ल के बीच।

हर इक वजूद[4] की आँखों में आँखें डाल के देख,
पलक की ओट कोई काँपता सितारा है।

मेरी शायरी की ये गुलज़मीं[5] किसी बाग़े-ख़ुल्द[6] से कम नहीं,
ये सिंची है चश्मे-पुरआब[7] से, ये तपी है, क़ल्बे-गुदाज़[8] में।

जाती बहारें, आती बहारें,
दोनों का हासिल दीदए-पुरनम[9]।

आज तुम्हीं दिल को समझाओ,
मेरी तो पड़ती नहीं हिम्मत।

वो तेरे दर्द का इन्सानियत का दर्द बन जाना,
ख़ुशा[10] वो ज़ख़्म अच्छा हो के जो दुखता ही जाता है।

रात अँधेरी राह कठिन है,
दर्दे-मुहब्बत को चमकाले।

---

1. अनन्तकाल, 2. अनादिकाल, 3. पैरों की आहट, 4. अस्तित्व, 5. फूलों की धरती, 6. स्वर्ग का बाग़, 7. सजल नेत्र, 8. कोमल हृदय, 9. सजल नेत्र, 10. बहुत अच्छा

मेरी आग़ोश से उठकर कभी आईना देखा है,
सहर[1] को और बढ़ जाती है कुछ दोशीज़गी[2] तेरी।

पौ फटे वो रंग अपना सर-ब-सर[3] बदलती है,
देख रात की जोगन क्या भभूत मलती है।

ज़ेरे-लब[4] इक झलक तबस्सुम[5] की,
बर्क़[6] है या शरार[7] है क्या है।

वो चाहें तो वक़्त भी बदल जाये
जब आये हैं रात हो गयी है।

दिले-बदनाम तेरे बारे में,
लोग कहते हैं इक कहानी भी।

हाँ-हाँ तुझको देख रहा हूँ क्या जल्वा है क्या पर्दा है,
दिल दे नज़्ज़ारे[8] की गवाही और ये आँखें क़स्में खायें।

नयी मंज़िल के मीरे-कारवाँ[9] भी और होते हैं,
पुराने ख़िज़्रे-रह[10] बदले वो तर्ज़े-रहबरी[11] बदला।

ये सबाहत[12] की ज़ौ[13] महचकाँ-महचकाँ,[14]
ये पसीने की रौ[15] कहकशाँ-कहकशाँ[16]

क़ादिरे-दो जहाँ[17] है, गो,
इश्क़ के दम में दम नहीं।

1. सुबह, 2. कुँवारापन, कौमार्य, 3. सरासर, बिल्कुल, 4. होंठों ही होंठों में, 5. मुस्कान, 6. बिजली, 7. अंगार, 8. प्रत्यक्षता या दृष्टिगोचरता, 9. कारवाँ के अगुआ या सरदार, 10. पथ-प्रदर्शक, 11. नेतृत्व-शैली, 12. गोरापन, गोराई, 13. चमक, 14. चन्द्रमा के समान, 15. बहाव, प्रवाह-गति, 16. आकाश-गंगा, 17. दोनों लोकों का अधिकारी।

असर भी ले रहा हूँ तेरी चुप का,
तुझे क़ाइल[1] भी करता जा रहा हूँ।

जो तोहमतें[2] न उठीं इक जहाँ से उनके समेत,
गुनाहगारे-मुहब्बत निकल गये बेदाग़।

मशहूर है जहाँ में वो नामे-'फ़िराक़'[3] से,
आओ मिलाएँगे तुम्हें इक आदमी से हम।

तू भी आमादए-सफ़र[4] हो 'फ़िराक़',
क़ाफ़िले उस तरफ़ लगे जाने।

वो रंग हो या बू हो कि वो मौजे-सबा[5] हो,
ये बाग़े-जहाँ[6] जो भी यहाँ है सफ़री[7] है।

हर लिया है किसी ने सीता को,
ज़िन्दगी है कि राम का वनवास।

ये निरजन बन, ये सन्नाटा,
कोई पत्ता खड़का होता।

पसे-गुनाह[8] जो ठहरे थे चश्मे-आदम[9] में,
इन आँसुओं को बहाओ, बहुत अँधेरा है।

रखती है मशीयत[10] हदे-परवाज़[11] जहाँ भी,
इन्सान की हिम्मत वहीं पर तोल रही है।

---

1. प्रभावित करना या निरुत्तर करना, 2. आरोप, 3. फ़िराक़ के नाम से, 4. यात्रा के लिए तत्पर, 5. हवा का झोंका, 6. दुनिया रूपी बाग़, 7. यात्री, 8. गुनाह के बाद, 9. बाबा आदम की आँख या मानव की आँख, 10. दैव-शक्ति, ईश्वरेच्छा, 11. उड़ान की सीमा

याद कुछ आयीं इस तरह भूली हुई कहानियाँ,
खोये हुए दिलों में आज दर्द उठा के रह गयीं।

दिल का आईना ख़ूब है लेकिन,
उसकी सूरत नहीं तो कुछ भी नहीं।

रफ़्ता-रफ़्ता ग़ैर अपनी ही नज़र में हो गये,
वाह री ग़फ़लत[1] तुझे अपना समझ बैठे थे।

तुझसे छुटकर बड़ी फ़राग़त[2] है,
अब मुझे कोई काम-काज नहीं।

'फ़िराक़' ऐ काश सुननेवालों के सीनों में दिल होता,
हक़ीक़त होती है अशआर[3] में बातें नहीं होतीं।

पर्दा-ए-यास[4] में उम्मीद ने करवट बदली,
शबे-ग़म[5] तुझमें कमी थी उसी अफ़साने की।

शबे-फ़िराक़[6] से आगे है आज मेरी नज़र,
कि कट ही जायगी ये शामे-बेसहर[7] फिर भी।

मंज़िल की यूँ तो मुझको कोई ख़बर नहीं है,
दिल में किसी तरफ़ को कुछ सोचता चला हूँ।

हम जाग रहे थे सीने में रह-रहके खटक-सी होती थी,
गहरा सन्नाटा चार तरफ़ छाया था दुनिया सोती थी।

---

1. बेपरवाही या सुध का अभाव, 2. फ़ुर्सत या ख़ालीपन, 3. शेर का बहुवचन, 4. निराशा के पर्दे में या निराशा के बाद, 5. विरह की रात, 6. वियोग-रात्रि, 7. वह शाम जिसकी सुबह न हो

इश्क़े-तन्हा से हुईं, आबाद कितनी मंज़िलें,
इक मुसाफ़िर कारवाँ-दर-कारवाँ बनता गया।

तारे अक्सर डूब चले थे रात के रोनेवालों को,
आने लगी थी नींद-सी कुछ दुनिया में सवेरा होता था।

बैठे-बिठाये चुप नहीं लगती थी यूँ तुझे,
क्यों-क्यों 'फ़िराक़' क्या तेरी हालत है इन दिनों।

नाम भी लेना है जिसका इक जहाने-रंगो-बू[1],
दोस्तो उस नौबहारे-नाज़[2] की बातें करो।

तुम जुदा होगे तो हो जायेगी ये रात पहाड़,
रात की रात ठहर जाओ कि कुछ रात कटे।

तबीयत अपनी घबराती है जब सुनसान रातों में,
हम ऐसे में तेरी यादों की चादर तान लेते हैं।

नक़्शो-निगारे-ग़ज़ल[3] में जो तुम ये शादाबी[4] पाओ हो,
हम अश्कों में कायनात के[5] नोके-क़लम[6] डुबो ले हैं।

गुलों की जल्वागाहे-नाज़[7] में न ढूँढ़ अब मुझे,
मैं नक़्श[8] था मिटा दिया, चिराग़ था बुझा दिया।

हर नफ़स[9] से आये बू-ए-आतिशे-सैयाले-इश्क़,[10]
आग वो दिल में, लहू में वो हरारत[11] भी तो हो।

---

1. रंग और सुगन्ध का संसार, 2. प्रिया रूपी नव-वसन्त, 3. ग़ज़ल की सुन्दर चित्रकारी, 4. हरियाली (हरा-भरापन से आशय) 5. ब्रह्माण्ड के आँसुओं में, 6. क़लम की नोक, 7. जहाँ हाव-भाव या सुन्दरता (प्रिय का) का प्रदर्शन होता हो, 8. चिह्न, 9. तत्त्व या इंद्रिय या श्वास, 10. तप्त और पिघले हुए इश्क़ की गंध, 11. गर्मी।

अजनबी फ़ज़ाओं[1] की भीगती चलीं पलकें,
गा रहा हूँ ग़ुर्बत[2] में नग़मए-वतन[3] तनहा।

मोती के दो थाल सजाये आज हमारी आँखों ने,
तुम जाने किस देस सिधारे भेजें ये सौग़ात कहाँ।

ज्ञानी को भी भरमा देती है दुनिया,
नाम-रूप की यारो ये मायानगरी।

दो दिन चाहा था जो किसी को कौन-सा ऐसा पाप किया,
जो भी हुआ इस दौरे-जुनूँ[4] में फ़ख्र[5] भी है पछता भी रहा हूँ।

निकली थी जो रहमतों[6] के दिल से,
प्यारे वो दुआ तेरा बदन है।

मुझ काफ़िरे-ग़ज़ल[7] की ज़हे-सेह्रकारियाँ[8]
बुतख़ाने[9] बोल उठे हैं मेरी हर ग़ज़ल के बीच।

मुझे क्यों न बंदा-ए-हक़[10] कहें, मुझे मोमिनों[11] में न क्यों गिनें,
कि रही है मेरी हर इक ग़ज़ल तेरी काफ़िरी[12] के जवाज़[13] में।

कहें न तुमसे तो फिर और जा के किससे कहें,
सियाह[14] ज़ुल्फ़ के सायो बड़ी उदास है रात।

कफ़े-पा[15] आते-जाते चूम लेने को तो मिल जाते,
तमन्ना थी कि रहते हम किसी की रहगुज़र[16] होकर।

---

1. वातावरण, 2. परदेस, 3. देशगान, 4. जुनून या उन्माद के समय 5. गर्व, 6. रहम या कृपा करने वाले, 7. ग़ज़ल में भिन्न शैली रखनेवाला या परम्परागत मापदण्डों को न माननेवाला, 8. जादू पैदा करना, 9. मूर्तिगृह, 10. सत्य-पुरुष (सत्य की राह पर चलनेवाले से संशय), 11. ईश्वरवादी, 12. नास्तिकता, 13. औचित्य वैधानिकता से आशय, 14. काली, 15. पद-चिह्न, 16. मार्ग या पथ।

क्या कहना ज़ुल्फ़ों की दराज़ी,[1]
सच है बड़ों की बात बड़ी है।

एक था मजनूँ आशिक़े-लैला वीराने में मौत हुई,
और अगर तफ़्सील[2] से पूछो ये क़िस्सा तूलानी[3] है।

ख़ुतूते-जिस्म[4] से रह-रहके झंकारें-सी उठती हैं,
ये पैकर[5] है कि साज़े-हुस्न[6] बेछेड़े खनकता है।

वो तो किसी का बामे-नाज़[7] राहे-जुनूँ[8] से मिल गया,
काटती ये चढ़ाइयाँ अक़्ल शिकस्ता-पा[9] तो क्या।

ऐ मेरी शामे-इन्तज़ार कौन ये आ गया लिये,
ज़ुल्फ़ों में एक शबे-दराज़[10] आँखों में कुछ कहानियाँ।

'फ़िराक़' अपनी क़िस्मत में शायद नहीं थे,
ठिकाने के दिन या ठिकाने की रातें।

पलकें बन्द, अलसाई ज़ुल्फ़ें, नर्म सेज पर बिखरी हुई,
होंठों पर एक मौजे-तबस्सुम[11] सोओ हो या जागो हो।

ये कौन आ गया मेरे क़रीब अज़्ब-अज़्ब[12] में,
जवानियाँ, जवानियों की आँधियाँ लिये हुए।

निगाहे-यार तुझसे अपनी मंज़िलें मैं पाऊँगा,
तुझे जो भूल जाऊँगा तो राह भूल जाऊँगा।

---

1. लम्बाई, 2. विस्तारपूर्वक, 3. बहुत लम्बा, 4. शरीर की लकीरे (उतार-चढ़ाव) से आशय, 5. शरीर, 6. सौन्दर्य-वाद्य, 7. प्रिय के घर की छत, 8. उन्माद-पथ, 9. टूटा पैर या लाचार, 10. लम्बी रात, 11. मुस्कान की लहर, 12. अंग-अंग,

ख़स्तगी[1] मेह्रो-माह[2] की मत पूछ,
कौन पैमाना है जो चूर नहीं।

हाये ये बेकसी[3] मुहब्बत की,
सोचते हैं कहीं चले जायें।

आज कैसी हवा चली कि 'फ़िराक़',
आँख बेअख़्तियार[4] भर आयी।

हम भी ख़ुश होंगे ऐ 'फ़िराक़' कभी,
जीते जी तो कोई उमीद नहीं।

तआज्जुब क्या तेरे आगे जो हम कुछ चुप से रहते हैं,
हमारे दरमियाँ ऐ दोस्त लाखों ख़्वाब हायल[5] हैं।

हर अंजुमन[6] में बचाके नज़रें हर एक की मैं जिधर से गुज़रा,
सदा[7] लगी हर तरफ़ से आने 'फ़िराक़ साहब', 'फ़िराक़ साहब'।

तेरी यादों ने राह खोटी की,[8]
हम चले जा रहे थे जाने कहाँ।

अब वो फ़रहाद न वो तीशए-फ़रहाद[9] मगर,
एक आवाज़-सी आ जाती है कुहसारों[10] से।

इनका शजरा[11] आफ़ताबों[12] से भी ऊँचा है बहुत,
आप से मिलिए जनाबे-इश्क़ आली-ख़ान्दाँ[13]।

---

1. दुर्दशा, 2. चाँद-सूरज, 3. दुख, पीड़ा या मजबूरी, 4. अपने-आप, जिस पर अधिकार न हो, 5., बाधक, 6. सभा या गोष्ठी, 7. आवाज़, 8. राह या यात्रा ख़राब करना अथवा बाधक बनना (एक मुहावरा है), 9. फ़रहाद (एक प्रसिद्ध आशिक़ जिसने पहाड़ काटकर नदी बहा दी थी) का पहाड़ तोड़नेवाला हथियार, 10. पर्वतमाला, 11. वंश-परम्परा, 12. सूरज, 13. उच्च कुल के।

बाज़ियाँ कितनी यूँ तो मार गयी,
ज़िन्दगी ज़िन्दगी से हार गयी।

अब किसी से नहीं उमीद ऐ दोस्त,
आज तेरा भी एतबार उठा।

एक मुद्दत से दिले-ग़मगीं पे था इक बोझ-सा,
आज तेरी याद में रोये तो हल्के हो गये।

आह उन जल्वों के होते हुए क़ायम हैं हवास,[1]
हम तेरी अंजुमने-नाज़[2] के क़ाबिल न रहे।

नश्शा किस बादा[3] का था याद नहीं,
ज़िन्दगी इक ख़ुमार[4] है जिसका।

ग़म का फ़साना सुननेवालो आख़िरे-शब[5] आराम करो,
कल ये कहानी फिर छेड़ेंगे हम भी ज़रा अब सो ले हैं।

मैं तेरे ग़म का वो आँसू रहा जो पलकों में,
हज़ार जानिबे-दामन[6] बहा, बहा न गया।

क्या कहूँ कैफ़ियते-क़ल्ब[7] दमे-फ़िक्रे-सुख़न,[8]
मैंने देखी हैं ख़यालों की भी आँखें पुरनम।

मेरा पैमाना जब टूटा न आवाज़े-शिकस्त आई,
वो टूटा इस तरह जैसे किसी का आसरा टूटे।

---

1. होश, 2. प्रिय की सभा या जहाँ प्रिय के हाव-भाव का प्रदर्शन होता है, 3. शराब, 4. नशे के बाद बचा हुआ हल्का-हल्का असर, 5. रात के अंतिम पहर में, 6. दामन की ओर, 7. हृदय की दशा, 8. साहित्य-चिंतन के समय,

फिर हैं वही उदासियाँ, फिर वही सूनी कायनात,
अहले-तरब[1] की महफ़िलें रंग जमा के रह गयीं।

वो मस्ते-नाज़[2] उठाता है क़दम सौ एहतियातों[3] से,
लबालब जामे-मय[4] चलते हुए छलका ही जाता है।

पलट रहे हैं ग़रीबुल-वतन[5] पलटना था,
वो कूचा[6] रूकशे-जन्नत[7] हो घर है, घर फिर भी।

शरीके-बज़्म[8] होकर यूँ उचटकर बैठना तेरा,
खटकती है तेरी मौजूदगी में भी कमी तेरी।

ये दोनों कैफ़ियतें[9] मक़्सदे-हयात[10] नहीं,
ग़मो-खुशी के लिए आदमी की ज़ात[11] नहीं।

इतना न हो बेक़रार ऐ दिल,
खुद को भी तो कुछ सँभालते हैं।

तू ही अव्वल तू ही आख़िर,
ऐ ग़मे-हिज्राँ[12] ऐ ग़मे-हिज्राँ।

कहते हैं जिसको दुनिया है दफ़्तरे-हिकायत,[13]
लाखों कहानियाँ हैं उनवान[14] सबका ग़म है।

इक भयानक ख़ला[15] का है एहसास,
इश्क़ का दौरे-अव्वलीं[16] यारो।

---

1. हर्षित या आनन्दित लोग, 2. हाव-भाव में मस्त, 3. सावधानीपूर्वक, 4. शराब का प्याला, 5. परदेसी, 6. गली, 7. स्वर्ग के समान, 8. सभा में शामिल या उपस्थित, 9. दशा या स्थिति, 10. जीवन का उद्देश्य, 11. व्यक्तित्व, 12. वियोग-दुख, 13. कहानियों का दफ़्तर, 14. शीर्षक, 15. ख़ालीपन, रिक्तता, 16. प्रारम्भिक दौर,

वो जिन्हें याद करके रोता हूँ,
कभी मुझको भी याद करते हैं।

फ़रेबे-अहदे-मुहब्बत[1] की सादगी की क़सम,
वो झूट बोल कि सच को भी प्यार आ जाये।

अरसए-दोजहाँ[2] को पाकर तंग,
आ गयी तेरी मुट्ठियों में निशात[3]।

छोड़े जाता हूँ, एक विरसए-अश्क,[4]
अगली नस्लों के काम आयेगा।

दमक रहेगी मेरी सन्दली-जबीनों[5] पर,
मुझे ज़वाल[6] नहीं हुस्न का सुहाग हूँ मैं।

रियाज़े-दहर[7] में झूठी हँसी भी हमने देखी है,
गुलिस्ताँ-दरबग़ल[8] हर गुंचए-ख़न्दाँ[9] नहीं होता।

ऐ दोस्त ग़म का दर्द हो या हो ख़ुशी का दर्द,
साहिल[10] हर इक का दीदए-नमनाक-ओ-आहे-सर्द[11]।

सुने जब तूने वो अशआर जिनमें ज़िक्र था तेरा,
नुमायाँ[12] था तेरे चेहरे पर इक जज़्बा रक़ाबत[13] का।

कहाँ हर एक से बारे-निशात[14] उठता है,
कि ये बला भी तेरे आशिक़ों के सर आई।

---

1. प्रेम-प्रतिज्ञा का भ्रम, 2. दोनों लोकों के बीच की दूरी, 3. ख़ुशी या आनन्द, 4. आँसुओं की विरासत, 5. चन्दनी माथा, 6. अवनति, 7. समय की वाटिका या युग रूपी बाग़, 8. बाग़ के निकट, 9. हँसती हुई कली, 10. किनारा, 11. ठंडी आह और गीले नैन, 12. प्रकट 13. द्वेष या प्रतिद्वन्द्विता, 14. आनन्द या ख़ुशी को भार।

खुदा को भूल गया हूँ बनाके सौ काबे,[1]
बुतों[2] को तोड़ के रक्खी बिना-ए-बुतख़ाना[3]।

निगाहे-नाज़[4] कब तक ये फ़रेबे-हिम्मत-अफ़ज़ाई[5]
यहीं तक इश्क़ मुश्किल था, यहीं से इश्क़ आसाँ है।

मैं पाके भी तुझे कुछ मुन्तज़िर-सा[6] हूँ तेरा,
ये दिल का क़ौल[7] है तू आप अपनी आहट है।

हयाते-इश्क़[8] की तक्मील[9] हो चुकी शायद,
न भूलता है कोई अब न याद आता है।

कहाँ वो ख़लवतें[10] दिन-रात की और अब ये आलम है,
कि मिलते हैं तो दिल कहता है कोई तीसरा भी हो।

तुम्हारी ग़ैरियत[11] से हम नहीं शाकी[12] गिला ये है,
तुम्हें हम जाँनिसारों[13] से तआल्लुक़ है मगर कम कम।

पसे-विदाअ[14] यही डर रहा हूँ क्या होगा,
तेरे क़याम[15] से मैं खुश भी हूँ उदास भी हूँ।

यारब अब तो जिया नहीं जाता,
आज़माइश सी आज़माइश है।

तू हमारी उदासियों पे न जा,
इत्तिफ़ाक़ात[16] हैं ज़माने के।

---

1. मक्के की एक इमारत जिसे मुसलमान अल्लाह का घर समझते हैं, 2. मूर्तियाँ, 3. मूर्तिगृह की नींव, 4. प्रिय की दृष्टि, 5. साहस बढ़ाने का भ्रम, 6. प्रतीक्षित, 7. कहना, उक्ति, 8. इश्क़ का जीवन, 9. पूर्णता, सम्पन्न होने का भाव, 10. अकेलापन, एकान्त, 11. परायापन, 12. जिसे शिकायत हो, 13. जान निछावर करनेवाला, 14. विदाई के बाद, 15. ठहरना, 16. संयोग।

कसमपुर्सी[1] से अह्ले-दुनिया[2] की,
बदसुलूकी[3] किसी की याद आयी।

क्या बज़्मे-दोस्ताँ[4] थी अभी कल की बात है,
मालूम हो रहा है कि सदियाँ गुज़र गयीं।

तू ही मौत ज़िन्दगी तू ही,
ऐ ग़मे-जानाँ[5] ऐ ग़मे-जानाँ।

इनका लाज़िम[6] है एहतराम[7] कि हैं,
संगरेज़े[8] जमे हुए आँसू।

हयात[9] हो कि अजल[10] सब से काम ले नादाँ,
कि मुख़्तसर[11] भी है कारे-जहाँ[12] दराज़[13] भी है।

निगाह-ओ-गोश[14] की पुरकैफ़[15] तिश्नगी[16] को न पूछ,
इक अधखिली-सी कली अधसुना-सा राग है तू।

यारब जो ये दी सज़ा-ए-हस्ती,[17]
आख़िर कोई क़ुसूर मेरा!

ये जान लो नयी दुनिया बना सकेगा वही,
किसी को शौक़ के आग़ोश में जो ढाल सके।

सरख़ुशी है जो ज़िन्दगी का फ़रेब,[18]
ग़म भी जीने का इक बहाना है।

---

1. बेबसी, 2. दुनियावाले, 3. अशिष्टता, 4. दोस्तों की महफ़िल, 5. प्रिय का दुख, 6. आवश्यक, 7. सम्मान, 8. कंकड़ी, पत्थर के छोटे टुकड़े, 9. जीवन, 10. मृत्यु, 11. अल्प, 12. दुनिया के कार्य, 13. लम्बा, 14. आँख और कान, 15. विस्तृत, 16. प्यास, 17. अस्तित्व का दण्ड, 18. भ्रम,

थी इक उम्मीद कट गयी यारब,
तेरी दुनिया में अब धरा क्या है।

तेरी जफ़ाएँ भुला दूँ तेरी वफ़ाएँ भी,
जो याद आये तो ऐ दोस्त तू ही याद आये।

ये क्या हार-जीत और ये सूदो-ज़ियाँ[1] क्या,
मुहब्बत तो ऊँचा जुआ खेलती है।

मैं हूँ, ग़म है, तन्हाई है,
तुम भी जो होते अच्छा होता।

मैं तुझे पाके भी उदास, मैं तुझे खो के भी उदास,
क्या हैं दरअसल एक ही हिज्रो-विसाल,[2] उमीदो-यास।

इसमें ग़ौर-ओ-फ़िक्र[3] का कुछ काम होता है ज़रूर,
सिर्फ़ ग़ौर-ओ-फ़िक्र से होती नहीं है शायरी।

हम और कूचए-जानाँ[4] से बेख़बर गुज़रें,
पुकार सकते हैं ज़र्रों[5] को उसके नाम बनाम।

जिस्म उस पैकरे-मुहब्बत[6] का,
नग़मए-खुशगवार की लै है।

हम वफ़ापेशों को है कितना भरोसा दिल पर,
एक दिन खोट करेगा ये बग़ल का दुश्मन।

---

1. लाभ-हानि, 2. संयोग-वियोग, 3. सोच-विचार, 4. प्रिय की गली, 5. कणो, 6. प्रेम का शरीर या चेहरा।

कुछ क़फ़स[1] की तीलियों से छन रहा है नूर-सा,
कुछ फ़ज़ा[2] कुछ हसरते-परवाज़[3] की बातें करो।

अभी जबीने-बशर[4] मुन्तज़िर-सी[5] हो जैसे,
कि आदमी अभी फ़ितरत[6] का शाहकार[7] नहीं।

बज़्मे-आलम[8] में वो लबे-एजाज़,[9]
कहते हैं दास्ताँ ख़मोशी की।

दुख हो या सुख किस क़दर मासूम था उसका सुकून,
हुस्न को तनहा भी मैंने बारहा[10] देखा 'फ़िराक़,'।

क्यों तुझको मेरे दर्द की होने लगी परवा,
शायद ये मेरा दर्द ज़माने के लिए है।

तेरे ख़याल में तेरी जफ़ा शरीक नहीं,
बहुत भुलाके तुझे कर सका हूँ याद तेरी।

ख़राब होके उठा हूँ तेरी निगाहों से,
ये सोचता हूँ कि दुनिया सँवर गयी होगी।

बनाकर हमको मिट जाते हैं, ग़म भी, शादमानी भी,
हयाते-चन्दरोज़ा[11] है हक़ीक़त भी कहानी भी।

इक तेरे छूटने का ग़म, एक ग़म उनसे मिलने का,
जिनकी इनायतों[12] से जी और उदास हो गया।

---

1. क़ैद, 2. वातावरण, 3. उड़ने की इच्छा, 4. मानव-मस्तक, 5. प्रतीक्षित, 6. प्रकृति, 7. अत्युत्तम कृति, 8. संसार-सभा, 9. चमत्कृत होठ, 10. प्रायः, 11. प्रसन्नता, 12. चार दिन का जीवन,

उसने भी कुछ न दिया इस मेरी पुरसिश[1] का जवाब,
हुस्न से वज्हे-वफ़ा[2] पूछके पछताता हूँ।

मैं हँस-हँसकर तेरे लुत्फ़ो-करम[3] की,
कहानी कहते-कहते रो पड़ा हूँ।

ख़ुश्क-आमाल[4] से अख़लाक़[5] हरा क्या होगा,
उसे दरियाए-मआसी[6] से भी कुछ पानी दे।

दिमाग़ सोज़िए-दानिशवराँ बजा-ओ-दुरूस्त,
बड़े ख़याल मगर दिल में हैं जनम लेते।

यही नहीं कि उठाया हो सिर्फ़ रंजे-फ़िराक़,
बिछड़ के तुझसे मसायब कुछ और भी झेले।

कुछ ऐसा फ़र्क़ नहीं दोनों हालतों में 'फ़िराक़',
बहुत उदास रहा हूँ तो शाद भी हो लूँ।

कहूँ क्या ख़ुदफ़रामोशी[7] की रूदाद,[8]
तुझे मैं देर तक करता रहा याद।

ऐसों को ऐ 'फ़िराक़' न दे दर्से-पुख़्तगी,[9]
ये लोग अपनी ख़ामियों में पुख़्ता हो चुके।

आज पिया परदेस से आये,
आँसू हँसते-हँसते बहाये।

---

1. पूछताछ, 2. वफ़ा का कारण 3. कृपा-अनुग्रह, 4. शुष्क कार्य-कलाप या आचरण, 5. शिष्टाचार या नीति, 6. गुनाह या पाप का दरिया, 7. आत्म-विस्मृति, 8. दशा, विवरण, 9. दृढ़ता का उपदेश

रमूज़ें-बहाराँ[1] जो पूछो हो तुम,
गुल अपने लहू में नहा जाये है।

वो शबे-वस्ल थी ऐ दिल ये है सुब्हे-शबे-वस्ल,[2]
उसके वादों को भुला रात गयी बात गयी।

ख़ुद क़यामत को जिन पे रश्क[3] आये,
वो तेरे इन्तज़ार की घड़ियाँ।

मेरी रुस्वाइयों[4] ने मुझको और,
मुझसे ऐ दोस्त कर दिया है क़रीब।

ऐ दिले-ज़ार[5] वो उमीदों का,
टूट जाना ख़ुमार के मानिन्द।

मनम कि बज़्अशुदा गिर्दे मन बिनाए-हरम,
मनम कि तौफ़े-हरम करदा-अम बुते-बकिनार[6]।

मुझसे दिल आज हो गया रुख़सत,
ज़िन्दगी भर का साथ छूट गया।

सैरे-माज़ी[7] से बस ये होता है,
अपने दिल से गले मिल आता हूँ।

ज़िक्र दिल का सुनाऊँ क्या ऐ दोस्त,
वो हमारा भी मिलनेवाला था।

---

1. बहारों के रहस्य, 2. मिलन-यामिनी की सुबह, 3. द्वेष या ईर्ष्या, 4. बदनामियों, 5. टूटा हुआ दिल, 6. मैं वो हूँ जिसके चारों ओर काबे की नींव पड़ी है और वो भी मैं ही हूँ जो बुत को लेकर काबे की परिक्रमा करता है, 7. भूतकाल की यात्रा।

हासिले-ज़िन्दगी है कुछ यादें,
याद रखना 'फ़िराक़' को यारो।

क्या ख़बर है अमलपरस्तों को,
मेरा हर लफ्ज़ है अज़ीम अमल।

जिसके फ़िराक़ में ये मेरा हाल हो गया,
इक शख़्स था नदीम[1] मेरे और क्या कहूँ।

क्या इन्क़लाबे-गर्दिशे-अफ़्लाक[2] हो गया,
दिल तोड़कर मैं नाला[3] करूँ और असर न हो।

अब वो नहीं आयेगा यहाँ,
ऐ दिले-ग़मगी[4] आँसू पोंछ।

आ न गयी आ न गयी तेरी याद,
छा न गयीं छा न गयीं बदलियाँ।

जो मौत से शर्त बद के सोये थे जाग उठे इक इशारा पाकर,
इन्हें भी हुशियार करनेवाला फ़िराक़े-ग़फ़्लत-शआर[5] होगा।

सबब[6] कुछ और हैं प्यारे मेरी उदासी के,
न मैं जफ़ाओं[7] का शाकी[8] न तू वफ़ा दुश्मन।

अभी कुछ और हो इन्सान का लहू पानी,
अभी हयात[9] के चेहूरे पे आबो-ताब[10] नहीं।

---

1. साथी, 2. नक्षत्रों या ग्रहों की गति और चक्र में उलट-फेर, 3. आर्त्तनाद, 4. दुखी दिल, 5. भूलने की आदतवाला 'फ़िराक़', 6. कारण, 7. जुल्म या उत्पीड़न, 8. शिकायत करनेवाला, 9. जीवन, 10. चमक-दमक,

न रहा हयात की मंज़िलों में वो फ़र्क़े नाज़ो-नियाज़[1] भी,
कि जहाँ है इश्क़ बरहना-पा[2], वहीं हुस्न ख़ाक-ब-सर[3] भी है।

निगाहे-शौक़[4] ने कुछ, अंजुमन[5] ने कुछ समझा,
कोई न देख सका इस तरह वो शर्माया।

जिसके ख़ुलूसे-इश्क़[6] के अफ़्साने बन गये,
तुझको उसी से रंजिशे-बेजा[7] है आज तक।

'फ़िराक़' बाद को मुमकिन है ये भी हो न सके,
अभी तो रो भी ले कुछ हँस भी ले वो आयें न आयें।

रफ़्तारे-इन्क़लाब[8] सलामत रहे नदीम,[9]
लाखों ही दौर आयेंगे आज और कल के बीच।

कभी ऐ निगाहे-करम[10] तेरी मुझे ले ले दामने-नाज़[11] में,
बड़ी आफ़ियत[12] है तेरी क़सम तेरे लुत्फ़े-बंदानवाज़[13] में।

इश्क़ अज़ाब ज़रूर है लेकिन,
उससे बचने की कोई सूरत।

जो दस्ते-ग़ैब[14] ने सुब्हे-अज़ल[15] रख दी थी सीनों में,
सुख़न[16] तेरा 'फ़िराक़' उस आग को भड़का ही जाता है।

कोई दिल का मुक़ाम[17] समझाओ,
घर है या रहगुज़ार है, क्या है?

---

1. रूठना-मनाना (प्रेम-प्रदर्शन के सन्दर्भ में आशय), 2. नंगे पाँव 3. धूल धूसरित, 4. आकांक्षी-दृष्टि या लालसा भरे नैन, 5. सभा या जन-समूह 6. सच्चा प्रेम, 7. व्यर्थ का मन-मुटाव, 8. परिवर्तन की गति, 9. मित्र, 10. कृपा-दृष्टि, 11. प्रिय के दामन, 12. शान्ति, सुख-चैन, 13. दीन-दयालु-विरुद, 14. अदृश्य हाथ, 15. आदिकाल की सुबह, 16. कथन या कविता, 17. स्थान।

मुद्दत से ख़बर मिली न दिल की,
शायद कोई बात हो गयी है।

सुनते हैं कुछ रो लेने से जी हलका हो जाता है,
शायद थोड़ी देर बरसकर छट जायें कुछ ग़म की घटाएँ।

'फ़िराक़े'-हमनवा-ए-मीर-ओ-ग़ालिब,[1] अब नये नग़्मे,
वो बज़्मे-ज़िन्दगी बदली, वो रंगे-शायरी बदला।

जिसके साये में इक ज़िन्दगी कट गयी,
उम्र ज़ुल्फ़े-रसा[2] जाविदाँ[3] जाविदाँ।

निगाहें मतल-ए-नौ[4] पर हैं एक आलम[5] की,
कि मिल रहा है किसी फूटती किरन का सुराग़।

जाओ न तुम इस गुमशुदगी[6] पर कि हमारे,
हर ख़्वाब से इक अह्द[7] की बुनियाद पड़ी है।

दो जहाँ में कहाँ-कहाँ ले जाये,
ज़िन्दगी को पिया-मिलन की आस।

आँख उठाकर जान गँवा के,
हुस्न का आलम देखा होता।

हवा-ए-नीमशबी[8] हो कि चादरे-अंजुम,
नक़ाब रूख़ से उठाओ, बहुत अँधेरा है।

---

1. 'मीर' और 'गालिब' का सहभाषी फ़िराक़, 2. लम्बी ज़ुल्फ़, 3. अविनाशी, 4. नया आकाश, 5. संसार, 6. खोये रहना, 7. समय या युग, 8. आधी रात की अवा।

पहलू में शबे-तार[1] के है कौन सी दुनिया,
जिसके लिए आग़ोश सहर[2] खोल रही है।

मायूसियों की गोद में दम तोड़ता है इश्क़,
अब भी कोई बना ले तो बिगड़ी नहीं है बात।

रफ़्ता-रफ़्ता इश्क़ मानूसे-जहाँ[3] होता चला,
ख़ुद को तेरे हिज्र[4] में तनहा समझ बैठे थे हम।

उजले-उजले से कफ़न में सह्रे-हिज्र[5] 'फ़िराक़',
एक तस्वीर हूँ मैं रात के कट जाने की।

तेरी निगाह से बचने में उम्र गुज़री है,
उतर गया रगे-जाँ[6] में ये नेश्तर फिर भी।

हूँ वो शुआ-ए-फ़र्दा[7] जो आँख मल रही है,
वो सुरमगीं उफ़ुक़ पर[8] मैं थरथरा रहा हूँ।

कट जाती है अब भी कटने को लेकिन इक वो,
जब रात रात-सी होती थी जब सुब्ह सुब्ह-सी होती थी।

मैं किताबे-दिल में अपना हाले-ग़म लिखता रहा,
हर वरक़[9] इक बाब-ए-तारीख़े-जहाँ[10] बनता गया।

हमीं हैं गुल, हमीं बुलबुल, हमीं हवा-ए-चमन,
'फ़िराक़' ख़्वाब ये देखा है क़ैदखाने में।

---

1. अँधेरी रात, 2. सुबह, 3. संसार से परिचित, 4. जुदाई, 5. विरह की सुबह, 6. जीवन-नाड़ी, प्राण, 7. आनेवाले कल की किरन या आगत-किरन, 8. सुरमे के रंग जैसे क्षितिज पर (क्षितिज रूपी आँखें जिनमें सुरमा लगा हुआ हो), 9. पृष्ठ, 10. संसार के इतिहास का अध्याय।

उसके आँसू किसने देखे उसकी आहें किसने सुनीं,
चमन-चमन था हुस्न भी लेकिन दरिया-दरिया रोता था।

रूठकर तुझसे बहुत बेदर्द हम भी हो गये,
एक ख़ंजर हो गये जब से खिंचे क़ातिल से हम।

जिसकी फ़ुर्क़त[1] ने पलट दी इश्क़ की काया 'फ़िराक़',
आज उस ईसा-नफ़स,[2] दमसाज़[3] की बातें करो।

ऐ किसी सोहबते-दोशीना[4] की यादों के नुक़ूश,[5]
दर्द बन-बनके उठे, जाओ कि कुछ रात कटे।

खुद अपना फैसला भी इश्क़ में काफ़ी नहीं होता,
उसे भी कैसे कर गुज़रें जो दिल में ठान लेते हैं।

उन रातों को हरीमे-नाज़[6] का इक आलम होये है नदीम[7]
ख़ल्वत[8] में वो नर्म उँगलियाँ बंदे-क़बा[9] जब खोले हैं।

अब ये सोच के रोता हूँ,
रोना अच्छी बात नहीं।

इक गौहरे-यकता[10] के ग़म में,
दरिया-दरिया रोता हूँ।

दौलते-दुनिया से मुझको क्या,
लेना एक न देना दो।

---

1. जुदाई, 2. जिसकी फूँक से मृतक जी उठें, 3. मित्र, 4. बीती संगत, 5. चिह्न, 6. प्रिय का अंतःपुर (प्रिय के घर से आशय), 7. यार या साथी, 8. एकान्त, 9. चोली की गाँठ या बंधन, 10. अनुपम रत्न या अद्वितीय मोती,

मेरे नग़माते-ग़म[1] से शायद कुछ,
ऐ ज़माना तेरा भला हो जाय।

जिसका मक़्सद[2] हो बस जिये जाना,
वो कोई ज़िन्दगी नहीं होती।

गर्दिशे-चर्ख़[3] ये भी छीन न ले,
इक तेरे दर्द का सहारा है।

कुछ तो बेगानगी में आये कमी,
हम भी कुछ ग़ैर तो नहीं ऐ दोस्त।

इन्तशारे-ख़याले-शायर[4] क्या,
हुस्न की नकहते-परेशाँ[5] है।

मेरे उज्रे-ख़ता[6] से वो मन जाये
क्या समझते हो एक झगड़ा है।

ज़िन्दगी को बुस्अतें[7] दी हैं तो गहराई भी दे,
बुस्अतें ही होंगी तो कमज़ोर होगी ज़िन्दगी।

वही तुम वही हम वही दर्द लेकिन,
मुहब्बत-मुहब्बत ज़माना-ज़माना।

हमारी ज़िन्दगी-ए-इश्क़ का वो पहला ख़्वाब,
हमें भी भूल चुका है तुम्हें भी याद नहीं।

---

1. शोक-गीत, 2. उद्देश्य, 3. दैव-गति, नक्षत्र-चक्र, 4. शायर के अस्त-व्यस्त विचार, 5. तितर-बितर खुश्बू, 6. ग़लती के लिए क्षमा-याचना, 7. विस्तार।

क़ायम थीं हुस्नो-इश्क़ पे जिसकी रवायतें,[1]
ऐ हज़रते 'फ़िराक़' वो दुनिया बदल गयी।

नहीं मुमकिन किसी मज़हब के हाथों,
निज़ामे-दह्र[2] का करवट बदलना।

मग़रिब[3] पे इल्म[4] ही का जादू चलेगा यारो,
शैताँ को बस में कर लो शैताँ के हथकंडों से।

कई रोज़ों की मुलाक़ात की है आख़िरी शाम,
वक़्त क्या चीज है मालूम हुआ आज मुझे।

हुस्न सर-ता-बक़दम[5] मौज-ए-रंगो-बू[6] है,
पर्दा छोड़ा है वो उसने कि उठाये न बने।

ऐ दिल जीते जी तूने चैन न पाया एक घड़ी,
उस दुनिया में नसीब तुझे करवट-करवट जन्नत हो।

जी भर आता है ऐ दिले-मरहूम,[7]
यूँ तो इक उम्र तुझको रो भी चुके।

उसकी क़ीमत तो मेहरो-मह[8] भी नहीं,
उसे हम चाहें, हैसियत भी हो।

उस पैकरे-नाज़[9] से अज़ीज़ो,
मेरी भी रही है याद अल्लाह।

---

1. परम्पराएँ, 2. संसार की व्यवस्था, जगत-गति, 3. पश्चिम (पश्चिमी देशों से आशय), 4. ज्ञान-विज्ञान, 5. आपाद-मस्तक, 6. रंग और सुगन्ध की तरंग, 7. निष्प्राण हृदय, 8. सूर्य-चन्द्र, 9. प्रिय का शरीर या चेहरा

काफ़िलों से कहो करें मंज़िल,
रास्तों को भी नींद आने लगी।

तंग थी उस पे बुस्अते-कौनैन,[1]
ग़म तेरा मेरे दिल में आ ठहरा।

दोस्तो अपने आप से महरूम,[2]
ज़िन्दगी उम्रभर रही मेरी।

तारे थे एक दूसरे के क़रीब,
मुझको कल रात तेरी याद आई

आदमी तो हैं बेहिसाबो-बेशुमार,[3]
है जोक़िल्लत[4] तो आदमीयत की।

ज़ब्त[5] को भी तो एक मौक़ा दें,
हम भी रोते रहे हैं मुद्दत तक।

हाय रे शाने-बेनयाज़िए-हुस्न,[6]
अपने वादे भी तुमको भूल गये।

फिर उन आँखों का ज़िक्र छेड़ दिया,
दिले-ख़ाना-ख़राब[7] फिर वही बात।

तेरी आँखों ने हमको रोक लिया,
वरना हम लोग क्या नहीं करते।

---

1. सृष्टि या दोनों लोकों का विस्तार, 2. वंचित, 3. अनगिनत, असंख्य, 4. अभाव, न्यूनता, 5. धैर्य या सहनशीलता, 6. लापरवाह या स्वच्छन्द सौन्दर्य का गर्व, 7. अभागा दिल

ज़िन्दगी को खुद अपने ही हाथों,
अपनी मजबूरियों का मातम[1] है।

यही मक़्सद[2] हयाते-इश्क़[3] का है,
ज़िन्दगी ज़िन्दगी को पहचाने।

किसी के हुस्न को आयी हुई थी नींद-सी जैसे,
मेरे अशआर[4] में अँगड़ाइयाँ लेता उठा कोई।

उसी शामे-मर्ग की तीरगी में[5] हैं जल्वाहाए-हयात[6] भी,
उन्हीं ज़ुल्मतों के हिजाब[7] में ये चमक, ये रक़्से-शरर[8] भी हैं।

ऐ काश शायरी तेरी आवाज़े-पा[9] बने,
तेरे क़दम की चाप सुनें हर ग़ज़ल के बीच।

मेरी मंज़िलों का तो ज़िक्र क्या मेरी गर्द को भी न पा सके,
जो फ़ज़ा[10] में जज़्ब थीं बिजलियाँ, वो हैं आज तक तग़ो-ताज़[11] में।

दुनिया है कितनी बेठिकाना,
आशिक़ की बरात हो गयी है।

होश में कैसे रह सकता हूँ आख़िर शायरे-फ़ितरत[12] हूँ,
सुब्ह के सतरंगे झुरमुट से जब वो उँगलियाँ मुझे बुलायें।

नये मंसूर[13] हैं सदियों पुराने शेखो-क़ाज़ी हैं,
न फ़तवे[14] कुफ़्र के बदले न उज़्रे-दार[15] ही बदला।

---

1. शोक, 2. उद्देश्य, 3. प्रेम-जीवन, 4. शेर का बहुवचन, 5. मृत्यु की शाम या रात के अँधेरे में, 6. जीवन के दर्शन या प्रदर्शन, 7. अँधेरों के आवरण में, 8. चिंगारियों का नृत्य, 9. पदचाप, 10. छिपी हुई, 11. भाग-दौड़, 12. प्रकृति का कवि, 13. एक प्रसिद्ध सूफ़ी जिसे फाँसी दे दी गयी थी 14. धमदिश, 15. फाँसी का कारण या मजबूरी।

निगाहे-दूररस[1] से मैंने की है सैरे-ज़िन्दगी,
मिली हैं गाम-गाम[2] पर हक़ीक़तें कई-कई।

हज़ारों ख़िज़्र[3] पैदा कर चुकी है नस्ल आदम[4] की,
ये सब तस्लीम[5] लेकिन आदमी अब तक भटकता है।

जागे है 'फ़िराक़' आज ग़मे-हिज्र[6] में तासुब्ह,
आहिस्ता चले आओ अभी आँख लगी है।

ये ग़म की रात तो कटती नज़र नहीं आती,
इक और रात बनाओ, बहुत अँधेरा है।

आता है 'फ़िराक़' आज इधर बह्रे-ज़ियारत,[7]
बुतख़ाने[8] की खामोश फ़ज़ा बोल रही है।

मेरी घुट्टी में पड़ी है होके हल[9] उर्दू ज़बाँ,
जो भी मैं कहता गया हुस्ने-बयाँ[10] बनता गया।

जैसे तारों की चमक बहती हुई गंगा में,
अहले-ग़म[11] को युँ ही याद आओ कि कुछ रात कटे।

अब इसको कुफ़्र[12] मानें या बुलन्दी-ए-नज़र[13] जानें,
ख़ुदा-ए-दोजहाँ को दे के हम इन्सान लेते हैं।

कोई किसी को नहीं जानता है ये दयार[14] अन्जानों का,
शह्रे-ज़िन्दगी[15] शह्र है यारो अजनबियों, बेगानों का।

---

1. दूर-दृष्टि, 2. पग-पग पर 3. एक पैगम्बर जो भटकी हुई आत्माओं को राह दिखाते हैं (मार्गदर्शक से आशय) 4. मानव, 5. स्वीकार, 6. विरह का ग़म, 7. दर्शनार्थ, 8. मूर्तिग्रह, 9. घुलमिलकर, 10. उक्ति-सौन्दर्य, 11. अभागे या दुखी, 12. नास्तिकता, 13. उच्च दृष्टि या सुदृष्टि, 14. स्थान, 15. जीवन-नगरी।

दिलों को अब नहीं फ़िरदौसे-गुमशुदा[1] की तलाश,
वो नश्तरे-ग़मे-फ़र्दा[2] चला दिये मैंने।

छागलें बजती हैं यूँ लेता है लहरें अंग-अंग,
मस्त लय में छेड़ दे जिस तरह को जल-तरंग।

नहीं सदा-ए-अनलहक़[3] में अब कोई ख़तरा,
अनल बशर[4] के हैं नारे पयामे-दारो-रसन।[5]

हमको दवाम[6] हो तो निखारे जहाँ को कौन,
तजदीदे-कायनात[7] हमारी फ़ना[8] से है।

पुराना धोकेबाज़ इसको समझ 'कल' नाम है जिसका,
अज़ल[9] से इसके ये धोके कभी बासी नहीं होते।

ऐसी कमज़ोर हो तो क्या है खुशी,
वो खुशी क्या थका न दे जो तुझे।

दुनिया में इन्हें क्या-क्या न मिला, दौलत, सरवत[10] इज़्ज़त-इशरत,
पेचीदा तबीयतवालों को एक सीधी-सादी ख़ुशी न मिली।

दुनिया में ख़ुशी की तलाश बजा,[11] बरहक़[12] ये ख़ुशी की कोशिश भी,
इन्सान ख़ुशी के लिए लेकिन पैदा न हुआ था दुनिया में।

तू जितनी देर ठहरता है मेरे पास ऐ दोस्त,
वो कम नहीं जो उचटता हुआ क़याम न हो।

---

1. अप्रत्यक्ष स्वर्ग, 2. आनेवाले कल के दुख रूपी नश्तर, 3. अहं ब्रह्मास्मि या मैं सत्य हूँ, 4. मैं मनुष्य हूँ, 5. सूली के फन्दे का संदेश, 6. नित्यता, 7. सृष्टि या ब्रह्माण्ड की नवीनता, 8. मृत्यु या नष्ट होना, 9. आदिकाल 10. वैभव, 11. उचित, 12. सही।

मुतवज्जह[1] वो है ज़रूर मगर,
क्या कहूँ मैं 'फ़िराक़' क्या न कहूँ।

'फ़िराक़' अपनी मुहब्बत पे नाज़[2] करते हो,
सब ऐसे होते तो दुनिया का हाल क्या होता।

तेरी मुहब्बत बड़ी चीज़ है हम ये सोच के रोते थे,
अब ये समझकर रोते हैं सब रोना-धोना धोका था।

आ गये याद ऐयामे-गुज़शता,[3]
हम भी रोये तुम भी रोये।

क़ामते-नाज़[4] देखना है अगर,
कभी सुन ले तू भैरवी की अलाप।

बारहा[5] माज़िए-बईद[6] की बात,
कल की है बात ये गुमाँ[7] गुज़रा।

सैरे-अफ़्लाक[8] तुझको रास आये,
मेरी तो बस दिलों तक है उड़ान।

झाँक के मेरे दिल के अन्दर,
यारब दोज़ख़[9] काँप उठी हैं।

मेरे पहलू में कर ले याद मेरी,
मैं ख़ुद अपना मज़ार[10] हूँ ऐ दोस्त।

---

1. उन्मुख या ध्यानाकर्षित, 2. गर्व, 3. बीते हुए दिन, 4. प्रिय की लम्बाई, 5. प्रायः, 6. वह अतीत जिसमें किसी कार्य या घटना को हुए बहुत दिन हुआ हो, 7. भ्रम, 8. आकाश-यात्रा, 9. नर्क 10. क़ब्र।

लुटाती रंगो-बू[1] हर सम्त[2] शेरो-नग्मा[3] बरसाती,
सितमगर की जवानी कारवाँ दर कारवाँ आयी।

आह इस घर में ज़िन्दगी कब थी,
ऐ मेरी मौत तू कहाँ आयी।

ऐसे ग़मगीं[4] कहाँ ज़माने में,
मुझको आता है अपने-आप पे रश्क[5]।

जिससे हम होके जुदा ज़िन्दा नहीं रह सकते,
लड़ भी जाते हैं उसी दोस्त से हम वाह रे हम।

अब तो मेरे इने-गिने दिन हैं,
और इक बार देख लेते उसे।

मेरे अल्लाह तेरी दुनिया में,
आह हम लोग कितने तनहा हैं।

हाले-बीमारे-ग़म[6] न पूछ ऐ दोस्त,
बने मुँह फेरते न देखा जाये।

ज़माने को ज़रूरत है ख़ुदा की,
ख़ुदा की भी हमारी है ज़रूरत।

ये बेनयाज़ियाँ[7] तुम्हें धोखा न दें कहीं,
ये बेहिसी[8] 'फ़िराक़' की एहसास महज़ है।

---

1. रंग और सुगन्ध, 2. ओर, 3. शेर और गीत, 4. दुखी, 5. द्वेष या ईर्ष्या, 6. दुख से पीड़ित का हाल, 7. लापरवाही या स्वच्छन्दता, 8. अचेतनता,

उम्रभर मुन्कसिर[1] मिज़ाज रहे,
इक ज़रा अब गुरूर भी कर लें।

मैंने देखी है हुस्न की रफ़्तार,
लोच कब है ये बादे-जन्नत[2] में।

तुझको पाना भी मुझको खोना भी,
कोई पाना है कोई खोना है?

मुस्कुराना किसी गुले-तर[3] का,
जगमगाती है रूह ठंडक की।

उसी दिन हुस्न निखरा है कि जिस रोज़,
पड़ी हैं इश्क़ की भरपूर चोटें।

वो अज़्व-अज़्व[4] से गोया है बोल उठने को,
बदन है सर से क़दम तक तमाम जल्वए-रूख़[5]

अजब नहीं कि ज़माने की रूह[6] जाग उठे,
तुझे पुकार के दुनिया से उठ गया हूँ मैं।

तेरे निसार[7] कहूँ क्या मैं कैफ़े-नज़्ज़ारा[8]
मैं ख़्वाब देख रहा हूँ? कि सामने तू है।

दिल का पुरसा[9] ले रहा हूँ हुस्न की बातों से आज,
डबडबाती हैं जब आँखें मुस्कुरा देता हूँ मैं।

---

1. विनीत या विनम्र, 2. स्वर्ग की हवा, 3. आर्द्र-पुष्प, 4. अंग-अंग, 5. मुखड़े जैसी शोभा, 6. आत्मा, 7. निछावर, 8. दृश्य का आनन्द (नज़्ज़ारा-उर्दू शायरी में प्रिय को प्रेम या लालसा भरी दृष्टि से देखने के मायनों में इस्तेमाल), 9. किसी के यहाँ शोक प्रकट करने के लिए सांत्वना देना या सहानुभूति प्रकट करना (प्रायः मरणोपरान्त सन्दर्भ में),

देखना ग़म की बेक़रारी को,
जब ज़रा ग़म में एतदाल[1] आ जाय।

हमनवायाने-अस्र[2] दो रूख़सत,[3]
हो रही है मुझे यहाँ ताख़ीर[4]।

सीना-ए-ज़माँ[5] में मैं बो रहा हूँ आवाज़ें,
ख़ामुशी के पर्दों में मैं हूँ नग्माज़न[6] तनहा।

यूँ तो बाज़ी जीत चुका था एक चाल थी चलने की,
उफ़ वो अचानक शह पड़ जाना इश्क़ ने खायी मात कहाँ।

उस महरू[7] की नहीं ख़बर तक,
रात की ज़ुल्फ़ें आयीं कमर तक।

मुझसे मशरिक़[8] की पेशानी[9] हो जाती है रंगारंग,
मैं ही धरती का सोहाग हूँ रोज़ उफ़ुक़[10] पर छलक जाता हूँ।

करो जो गौर तो रद्दो क़ुबूल यक्साँ हैं,
दिलों से निकली दुआओ बड़ी उदास है रात।

ज़मीं की ही सदा-ए-ज़िन्दगी[11] उड़ती हुई पहुँची,
सरे-ऐवाने-मज़हब[12] आस्मानों की ख़बर होकर।

देस को देखा देस हमारा,
कितना बड़ा है, कितना दुखी है।

---

1. सन्तुलन या संयम, 2. समकालीन साथियों, 3. विदाई, 4. विलम्ब, 5. ज़माने के सीने में, 6. गीत गानेवाला, 7. चन्द्रमुखी, 8. पूर्वदिशा, प्राची, 9. मस्तक, 10. क्षितिज, 11. स्वीकार-अस्वीकार, 12. एक जैसे, बराबर, 13. ज़िन्दगी की आवाज़, 14. धर्मक्षेत्र का शीर्ष।

हज़रते इश्क़ के तकिए[1] में अपनी भी रही है आमदो-रफ़्त,[2]
जिस्म तो ख़ाक[3] सियाह[4] सरासर चेहरा ग़ज़ब नूरानी[5] है।

सुनके 'फ़िराक़' की रामकहानी,
फ़ितरत[6] की आँखों में नमी है।

हज़ारों आफ़ताबों[6] का है मतला बत्ने तारीकी,[8]
चमक जाये मोक़द्दर अहले-ग़म' का हो तो सकता है।

सरहदे-ग़ैब[10] तक तुझे साफ़ मिलेंगे नक़्शे-पा[11]
पूछ न ये फिरा हूँ मैं तेरे लिए कहाँ-कहाँ।

शायर हूँ गहरी नींद में हैं जो हक़ीक़तें,
चौंका रहे हैं उनको भी मेरे तवह्हुमात[12]।

यूँ तो हज़ार दर्द से रोते हैं बदनसीब,
तुम दिल दुखाओ वक़्ते-मुसीबत तो बात है।

कुछ तो बताओ रंग-रूप भी, तुम इसका ऐ अहले-नज़र[13]
तुम तो उसको जब देखो हो देखते ही रह जाओ हो।

तुझे जो ख़ाक[14] है मुझको ज़र[15] है,
आदमी-आदमी की नज़र है।

तेरे ग़म की उम्रे-दराज़[16] में कई इन्क़िलाब[17] हुए, मगर,
वही तूले-शामे-फ़िराक़[18] है, वही इन्तिज़ारे-सहर[19] भी है।

---

1. वह स्थान जहाँ कोई फ़क़ीर रहता हो, 2. आना-जाना, 3. मिट्टी, 4. काली, 5. प्रकाशमान, 6. प्रकृति, 7. उदय होने की दिशा या स्रोत, 8. अँधेरे का उदय या गर्भ, 9. दुखीजन, 10. अप्रत्यक्ष सीमा, 11. पद-चिह्न 12. भ्रम या सन्देह, 13. दृष्टिवाले, 14. मिट्टी, 15. सोना, स्वर्ण, 16. विरह-रात्रि की लम्बाई, 17. सुबह की प्रतीक्षा, 18. जीवन-मृत्यु की राह पर, 19. जीवन और मृत्यु।

है रौशनी उसी की सरे-राहे-ज़ीस्तो-मर्ग,[1]
शायर है इक चिराग़, हयातो-अजल[2] के बीच

जीती हुई बाज़ी-ए-मुहब्बत,
खेला हूँ तो मात हो गयी है।

देगे सुबूते-आलाज़र्फी[3] हम मयकश[4] सरे-मयखाना,
साक़ी चश्मे-सियाह[5] की बातें ज़हर भी हों तो हम पी जायें।

सच बता मुझको क्या यूँ ही कट जायेगी,
ज़िन्दगी इश्क़ की रायगाँ-रायगाँ[6]।

वारदाते-दिल[7] को दिल ही में जगह देते रहे,
हर हिसाबे-ग़म, हिसाबे-दोस्ताँ[8] बनता गया।

यादे-अय्याम[9] की पुरवाइयो धीमे-धीमे,
'मीर'[10] की कोई ग़ज़ल गाओ कि कुछ रात कटे।

रफ़ीक़े-ज़िन्दगी[11] थी अब अनीसे-वक़्ते-आखिर[12] है,
तेरा ऐ मौत हम ये दूसरा एहसान लेते हैं।

आये गुनहगाराने-मुहब्बत,
नादिम[13] नादिम, नाज़ाँ[14]-नाज़ाँ।

जहाँ में थी बस इक अफ़वाह तेरे जल्वों की,
चराग़े-दैरो-हरम[15] झिलमिलाए हैं क्या-क्या।

---

1. जीवन और मृत्यु, 2. श्रेष्ठता या विशाल हृदय का परिचय, 3. शराब पीने वाले, 4. काले नयनों की (साक़ी क ओर इशारा), 5. व्यर्थ, 6. दिल की (प्रणय-सम्बन्धी) घटनाएँ, 7. मित्रों का हिसाब (जो कभी चुकता नहीं होता), 8. बीते दिनों की याद, 9. ग़म के प्रसिद्ध शायर, 10. जीवन-साथी, 11. अंतिम समय की मित्र, 12. शर्मिन्दा या पश्चात्ताप करनेवाला, 13. अभिमानी या गर्व करनेवाला, 14. मन्दिर-मस्जिद के दिये।

इस हयात[1] और कायनात के राज़[2]
इनको समझें तो आँख नम हो जाय।

तीराबख़्ती[3] नहीं मिटती दिले-सोजाँ[4] की 'फ़िराक़',
शमा के सर पे वही आज धुवाँ है कि जो था।

हम अन्जुमने-नाज़[5] में यूँ कैसे चले आयें,
कह दो कोई उनसे कि 'फ़िराक़' आये हुए हैं।

दिल के आइने में इस तरह उतरती है निगाह,
जैसे पानी में लचक जाय किरन क्या कहना।

होंगे न तेरे जफ़ा से मग़मूम,[6]
अब अपना ख़याल कम करेंगे।

ये दुख, ये रंज[7], ये आज़ुर्दाहालियाँ[8] तेरी,
जो चूम - चूम न लूँ सब उदासियाँ तेरी।

हर हस्ती कुछ लम्हों के लिए अपने ग़म में खो जाती है,
हर रोज़ थकी-हारी दुनिया करवट लेकर सो जाती है।

तेरी जफ़ाएँ हक़ीक़त में हैं ख़ुलूसो-सुलूक,[9]
दिल इसको मान भी लेता है दुख भी जाता है।

मेरी आँखों की शहादत[10] पर न जा,
काश तू समझे कि तू क्या चीज़ है।

---

1. जीवन, 2. सृष्टि के रहस्य, 3. अभाग्य या दुर्भाग्य, 4. जलता हुआ दिल, तप्त-हृदय, 5. प्रिय की सीमा 6. दुखित, क्लेशित, 7. मनमुटाव, 8. चिन्ता की परिस्थिति, 9. सच्ची और सीधी, सरल और निष्कपट आचरण, 10. गवाही।

कट गयी सबकी तरह अपनी भी,
ग़मगीं-ग़मगीं[1], शादाँ-शादाँ[2]।

अपनी ही गरमी से आया इश्क़ में इक बाँकपन,
अपनी ही नर्मी से घायल हो गया हुस्ने-बुताँ[3]।

दूँ क्या हिसाब वक़्त का ऐ गर्दिशे-फ़लक[4],
सदियाँ गुज़र गयीं मुझे इक एक पल के बीच।

अहले-मसाफ़त[5] एक रात का ये भी साथ ग़नीमत[6] है।
कूच करो तो सदा[7] दे देना हम न कहीं सोते रह जायें।

क्यों फ़ज़ाओं[8] की आँखों में थे अश्क-से,
वो सिधारे हैं जब शादमाँ[9] शादमाँ।

हम लोग तेरा ज़िक्र अभी कर ही रहे थे,
ऐ काकुले-शबरंग[10] तेरी उम्र बड़ी है।

वक़्त के हाथों यहाँ क्या-क्या ख़ज़ाने लुट गये,
एक तेरा ग़म कि गंजे-शायगाँ[11] बनता गया।

ज़माना वारदाते-क़ल्ब[12] सुनने को तरसता है,
उसी से तो सर आँखों पर मेरा दीवान[13] लेते हैं।

दिल है सीने में कोई आग नहीं,
ये धुआँ-सा कहाँ से उठता है।

---

1. दुखित, 2. प्रसन्नता, 3. कलात्मक सौन्दर्य, 4. काल-चक्र, 5. सहयात्री, 6. सन्तोष की बात, 7. आवाज़, 8. वातावरण, 9. प्रसन्न, 10. रात के रंग (काले) जैसे बाल, 11. बादशाह खुसरो का ख़ज़ाना (बढ़ते रहने से आशय), 12. हृदय की घटना, 13. कविता-संग्रह।

ऐ दोस्त तेरे ग़म को कहाँ से खरीदते,
इस जिन्से-बेमिसाल[1] की ऊँची दुकान है।

ताउम्र कुल्लियों से मिटेंगी न तल्ख़ियाँ,
ग़म खा चुके हैं आप तो क्यों मुँह बनाइये।

तेरा विसाल[2] बड़ी चीज़ है मगर ऐ दोस्त,
विसाल को मेरी दुनिया-ए-आरज़ू न बना।

ऐ मेरी मौत, ऐ मेरी मौत,
रौशनी, रौशनी और रोशनी।

दिल तुझसे चाहता है फिर इतने दिनों के बाद,
जौरे-करमनुमा[3] वही लुत्फ़े-सितमनुमा[4]।

हज़रते-ज़ाहिद[5] सुना आशिक भी हैं,
नाम है माशूक़ का 'तर्के-हवस'[6]

ऐ कि तू हर कमी पे नालाँ[7] है,
दर्द की भी कमी हुई महसूस?

तू एक था मेरे अशआर[8] में हज़ार हुआ,
इस इक चराग़ से कितने चराग़ जल उट्ठे।

मेरे सुकूते-यास[9] पे इतना न हो मलूल,[10]
मुझको खुदा न ख़्वास्ता[11] तुझसे गिला[12] नहीं।

---

1. अद्वितीय वस्तु, 2. मिलन, 3. कृपा रूपी उत्पीड़न, 4. उत्पीड़नरूपी कृपा, 5. सब दुष्कर्मों को छोड़कर ईश्वर की उपासना करने वाला, 6. वासना-परित्याग, 7. प्रार्थना करना, आर्तनाद, 8. शेर का बहुवचन, 9. निराशा की चुप्पी, 10. जिसे पछतावा या दुख हो, 11. ईश्वर न करे, 12. उलाहना,

इस जा[1] तो हर दरीचा-ओ-दरवाज़ा[2] बन्द है,
गुज़रे सदा[3] लगाते हुए किस गली से हम।

मालूम है सैराबी-ए-सरचश्मा-ए-हैवाँ,[4]
बस तश्नालबी[5] तश्नालबी, तश्नालबी है।

थोड़ी-बहुत मुहब्बत से काम नहीं चलता ऐ दोस्त,
ये वो मामला है जिसमें में या सब कुछ या कुछ भी नहीं।

मुहब्बत ही नहीं जिसमें वो क्या दरसे-अमल[6] देगा,
मुहब्बत तर्क[7] कर देना भी आशिक़ ही को आता है।

उफ़ ये कहना जा रहे हैं, अब न आयेंगे कभी,
रूठने में भी अदा-ए-अहदो-पैमाँ[8] देखिए।

दिखा तो देती है बेहतर हयात[9] के सपने,
ख़राब होके भी ये ज़िन्दगी ख़राब नहीं।

अगर है हिन्द-शनासी[10] की आरज़ू तुझको,
मेरा क़लाम उसी सम्त इक इशारा है।

ज़िन्दगी जिसको इक ज़माना हुआ,
आज तक बेक़रार है, क्या है।

हमको सुनना बहरहाल तेरी ख़बर,
माजरा-माजरा, दास्ताँ-दास्ताँ।

---

1. जगह, 2. खिड़की-दरवाज़े, 3. आवाज़, 4. अमृतकुण्ड का भरा-पूरा होना, 5. प्यासे होंठ, 6. कर्म का उपदेश, 7. छोड़ देना, 8. वादा करने की अदा, 9. जीवन, 10. हिन्दुस्तान की पहचान

कट गयी ऐ बह्‌रे-ग़म[1] मौजों से हँसते-खेलते,
बहते-बहते देख आख़िर आ लगे साहिल से हम।

आँसू मिज़ह[2] तक आये और आकर पलट गये,
कल बाल-बाल आबरू-ए-इश्क़ बच गयी।

रमूज़े-उज़्रे-जफ़ा[3] तक ख़याल जा न सका,
मैं चुप रहा तो बुरा मानने की बात नहीं।

लेने से तख़्त-ओ-ताज मिलता है,
माँगे से भीख भी नहीं मिलती।

सब मरहले[4] हयात[5] के तय करके ऐ 'फ़िराक़,'
बैठे हुए हैं मौत में ताख़ीर[6] देखकर।

हुस्न को इक हुस्न ही समझे नहीं और ऐ 'फ़िराक़,'
मेह्‌रबाँ-नामेह्‌रबाँ क्या-क्या समझ बैठे थे हम।

मंज़िल-मंज़िल दिल भटकेगा,
आज तुम्हीं ने रोका होता।

ग़ौर से देखती है तेरी मुहब्बत मुझको,
आज नासेह[7] ने बहुत की है नसीहत मुझको।

कफ़स[8] दिया कि हमें दे दिया वतन सय्याद,
भटक रहे थे अभी तक चमन-चमन सय्याद।

---

1. ग़म का सागर, 2. पलक, 3. जफ़ा की आपत्ति के रहस्य तक, 4. पड़ाव, 5. जीवन, 6. विलम्ब, 7. नसीहत देनेवाला, 8. क़ैद,

गुल के औराक़[1] उलटता जाऊँ
क्या अजब तेरी हँसी पा जाऊँ

बज़्मे-सुख़न[2] में मेरी ज़िया पाशियाँ[3] 'फ़िराक़'
जैसे सितारे टूट रहे हों, ग़ज़ल के बीच।

अभी हुस्नो-इश्क़ की ज़िन्दगी है असीरे-मौजे-बू-ए-दुई,[4]
कि 'फ़िराक़' राज़े-निशातो-ग़म[5] न नियाज़ में है न नाज़ में।

मोहब्ब जिसने की है मिट गया है
यही होगा यही होता रहा है।

क़ाफ़िले या मिट गए या बढ़ गए
अब ग़ुबारे राह भी उठता नहीं।

रात हँस देती है वादीदए पुनरम साक़ी
बत्तियाँ ख़ूने रगे ताक की जब जलती हैं।

कुछ चमक जाती है तारीकिए आलम साक़ी
जब पयालों में चिराग़ों की लवें ढलती है।

फ़ने ग़ज़ल को अज़ल से तलाश थी जिनकी
तेरे सुकूत में पाई गईं वही बातें।

तारों के क़ुलूब जैसे धड़के
रात उसकी अदा अदा को देख।

हयात के कुछ राज़ खुल गए होंगे
फ़सानए शबे ग़म वर्ना दोस्तो क्या था।

---

1. वरक़ का बहुवचन, 2. काव्य-गोष्ठी, 3. प्रकाश छिड़कना, 4. दुई की गंध-तरंग की बंदी, 5. दुख-सुख का भेद

ये रात आग लगा दे कहीं न दुनिया में
ये चाँदनी ये हवायें, ये माहताब ये आँच।

फ़िराक़ गिरियाए ग़म ख़त्म कर कि सुब्ह हुई
शबे फ़िराक़ की वो पर्दादारियाँ न रहीं।

फ़लक पर गोशबर आवाज़ हैं सितारे भी
है रात कितनी सुहानी कोई फ़साना सुनाओ।

क्या रात थी इलाही आखों में कट गई जो
पिछले पहर की दुनिया हसरत से देखता हूं।

बहसे ग़मो निशात में बीत गई शबे हयात
जागने वाले सो गए हासिले ज़िन्दगी तो देख।

इक वक़्त होगा हमसे जो देखा न जायेगा।
हम जानते हैं ऐ शबे हिज्राँ सहर तेरी।

फ़िराक़ इस गरदिशे अय्याम से कब काम निकला है
सहर होने को भी हम रात कट जाना समझते हैं।

नींद आ चली है अंजुमे शामे अबद को भी
आंख अहले इन्तज़ार की अब तक लगी नहीं।

उफ़क से ताड़फक ये कायनात महे ख्वाब थी
न पूछ दे गए हैं क्या मुझे वो लम्हे रात के।

अशआर मेरे तरसी हुई आँखों के कुछ ख़्वाब
हूं सुब्हे अज़ल से तेरे दीदार का ख़्वाहाँ।

उन ज़ुल्फ़ों के साये में सुकूँ पा जाती है मेरी तब्ऐ खाँ
जैसे नीम शबी गंगा करवट लेकर सो जाती है।।

ये रात के संगीत की लै है कि हवा है
वो ज़ुल्फ़ शिकन ज़ेरे शिकन खेल रही है।

लेके दिले नजूम को डूबी है नब्ज़े कायनात
ऑलमे सुब्हे ज़िन्दगी रात अगर कटी तो देख।

कहो मेहब्बत से आज छेड़े कोई फ़साना कोई कहानी
बहुत अंधेरी बहुत फ़सुर्दा, बहुत बड़ी ज़िन्दगी की शब है।

न हो एहसास तो सारा जहां है बेहिसो मुर्दा
गुदाज़े दिल हो तो दुखती रगें मिलती हैं पत्थर में।

छिड़ा इस रंग से अफ़सानए बेदर्ददिए क़ातिल
शहीदे नाज को नींद आ गई आगोशे खंजर में

उम्रे दवाम मिल गई आलमे सोज़ो साज़ को
मुझको मिटा दिया तो क्या दिल को बुझा दिया तो क्या।

दूर बहुत ज़मीन से पहुँची है इक किरन की चोट
नीम तब्स्सुमे ख़फ़ी रह गईं पिस के बिजलियाँ।

कौन अब नय्या पार लगाये
खेवनहारे सभी मतवारे।

आज फ़िराक़ थे आगे उसके
कुछ चुप साधे कुछ मन मारे।

इस बज़्मे ज़िन्दगी में वजूदो अदम कहाँ
चूलती नहीं है साँस हयातो ममात की।

हमराज़ नहीं दमसाज़ नहीं अल्लाह कोई आवाज़ नहीं
क्या इश्क़ की दुनिया में आते ही रहती दुनिया छूट गई।

क्या राह है राह मोहब्बत की साँस आते आते टूट गई
क्या बार है बार मोहब्बत का दो गाम में हिम्मत छूट गई।

टूटा दिल उस तरह कि ख़ुदा याद आ गया।
इस आईने के टुकड़े सभी हक़नुमा हुए।

पाते जो हम तुझे तो ख़ुदा जाने क्या होता
खोकर तो हम तुझे दिले बेमुद्दआ हुए।

मुझसे अगर जुदा भी हुए तुम तो क्या हुए
रोना तो बस यही है कि लड़कर जुदा हुए।

उदासी में मोहब्बत का फ़साना छेड़ ऐ हमदम
दुखे जिस दास्तां से दिल उसी से जी बहलता है।

क़फ़स में आके रो बैठे थे जब सुब्हे गुलिस्ताँ को
बहुत समझा असीरो ने सुकूने शामे ज़िन्दाँ को।

शायद यही हयात की मंज़िस का राज़ है।
तनहा चलो, जहान को लेकिन लिए चलो।

किसी का पौ फटे दुनिया से उठना, हाँ ये होना था
किन आँखों से कोई कब देखता था शामे हिज्राँ को।

फुर्सत ज़रूरी काम से पाओ तो रो भी तो
ऐ अहले दिल ये कारे अबस भी किये चलो।

बतो दे नज़अ में याद आने वाले ओ जफ़ापरबर
तुझे हम ऐसे नाज़ुक वक्त में क्यों याद करते हैं।

ऐ जाने इज़्तिराब सरापा सुकूँ भी तू
अब ये न पूछ दर्द कहाँ है कहाँ नहीं।

ख़राब होके उठा हूँ तेरी निगाहों से
मेरा ख़याल है दुनिया सँवर गई होगी।

सुब्हे अज़ल को यूँही ज़रा मिल गई थी आंख
वो आज तक निगाह चुराये हुए से हैं।

ये मेहरोमाह गर्दे सरेराह हैं जहाँ
हम उस गली की ख़ाक उड़ाये हुए से हैं।

जिनके शोलों से थी कलतक गर्मिए बज़्मे हयात
आज उस ख़ाकस्तरे दिल से धुआँ उठता नहीं।

दिले हर क़तराये शबनम भर आया बात इतनी थी
कली के मुस्कुराने में सुनाई दे गईं आहें।

बेखुदी में इक ख़लिश सी भी न हो ऐसा नहीं।
तू न आये याद लेकिन मैं तुझे भूला नहीं।

होश हो, जोशे जूनूँ हो नग़्मा हो क़ैफ़े निशात
कौन पैमाना था जो उस बज़्म में छलका नहीं।

हमें मायूसिये फ़ुर्क़त में रोलेने दो जी भर के
नहीं होता है कुछ रोने से हम इतना समझते हैं।

छुपा भी कुछ नहीं रहता नज़र भी कुछ नहीं आता
इसी को हम तेरा दीदार हो जाना समझते हैं।

नशेमन जल रहे हैं हर चमन शोला बदामाँ है
ये किसने बिजलियाँ रख दी थीं हर बर्गे गुले तर में।

'फ़िराक़' एक-एक हसरत मिट रही है।
ये मातम रात भर है और मैं हूँ।

कोई दिल छोड़कर जाता है कर लो सब्र जाने दो
तुम्हीं आकर 'फ़िराक़' अब बस रहो इस उजड़ी महफ़िल में।

फ़राज़े तूरे सीना, बुतकदे काबे के दरवाज़े
अभी राहे मोहब्बत में दरो दीवार हायल हैं।